Progress & Application ── 2

Progress & Application

心理学研究法
第2版

村井　潤一郎　編著

サイエンス社

監修のことば

　心理学を取り巻く状況は，1990 年代から現在に至るまで大きく変化してきました。人間の心理を情報処理過程と見なす認知心理学は，脳科学など周辺領域との学際的な研究と相まってさらに発展を続け，他の心理学領域にも影響を与えながら大きな拡がりを見せています。また，インターネットや携帯電話の発達に見られるように，私たちの生活環境そのものも大きな変貌をとげています。教育，福祉，医療，労働などさまざまな領域では解決すべき課題が次々と立ち現れ，その解決に向けて多様なアプローチが試みられています。このような「変化の時代」において，心理学の重要性はますます高まってきたといえるでしょう。研究や実践に直接的に関わる専門家でなくとも，人々が心理学の基礎的な知識を正しく身につけ，それを社会生活の中で生かしていくことが必要とされています。

　本ライブラリは，大学生や社会人の方々に心理学のさまざまな領域のエッセンスを効率的に理解していただくことを目的に企画されました。そのために，各領域の第一線で活躍されている先生方を選び，執筆にあたっては，全体的なバランスを考慮しながら心理学の基本的事項はもとより最新の知見を積極的に紹介していただくようにお願いしました。基本的にお一人で執筆していただくという方針をとったのも，できるだけ自由にこの作業を行っていただきたいという願いからでした。その結果，各巻ともクオリティの高さと理解のしやすさを兼ね備えた内容になっています。さらに，読者の理解を助けるために，ビジュアルな表現形式を効果的に取り入れ，レイアウトにも工夫を凝らしました。新しい時代に向けたスタンダードなテキストから成る本ライブラリが，社会に生きる人間のこころと行動に関心をもつ方々のお役に立てることを確信しています。

監修者　安藤清志・市川伸一

は じ め に

　本書は，心理学研究法についての入門書です。まず最初に心理学研究法について概観した上で，実験法，質問紙調査法，観察法，面接法，という「基本的手法」について説明しています。その後，実践研究，精神生理学的研究という「応用的手法」について，最後に心理学論文の執筆法について説明しています。「基本的手法」「応用的手法」という区別は便宜的なものです。イメージとしては，卒業研究などでしばしば用いられる手法を「基本」と，そうでないものを「応用」と位置づけています。

　心理学研究法に限りませんが，入門書にはいろいろなものがあります。大まかではありますが，入門書を大きく2つのタイプに分けてみましょう（恣意的な分類です）。まず，ていねいなやさしい語り口で初学者に歩み寄るタイプ，そして，初学者に歩み寄らず，確固たる基礎を伝えるべく，頑として動かないタイプです。非常に単純化してしまえば，軟／硬，ということになるでしょうが，いずれも「入門書」です。

　本書は心理学に関するシリーズ（ライブラリ）の中の一冊です。本ライブラリの特徴は，分かりやすさ，親しみやすさ，コンパクトさ，ということで，本書もその方針に沿っています。つまり，上記の2つのタイプの分類でいけば，「歩み寄る」タイプになります。しかしながら，もちろん，心理学研究法についてのエッセンスは伝えているつもりです。ですが，コンパクトさ，つまり紙幅の制限もあり，言及していない点もいろいろとあります。そうした点については，各章末に記載があります参考図書に当たっていただければと思います。

　入門書のあり方ですが，初学者に歩み寄るのか，頑として動かないのか，どちらがよいというわけではありません。どちらのタイプも，懸命に伝えようとする熱意は同じだからです。熱意なき場合は，どちらもだめということです。個人的には，どちらのタイプの文章も書く機会がありますが，〈硬〉の文章の執筆に凛とした美学を感じ，一方で〈軟〉の文章を執筆することもまたチャレンジングなことと思い，別の美学を感じます。こうした感覚には，書き手の側の「入門書かくあるべき」という「入門書観」とでも言うべきものが関連するのでしょう。

　「入門書」と似た言葉として，「マニュアル」があります。本書は入門書ですが，マニュアルではありません。マニュアルのように「こうした手順に従っていけば研究が出来上がります」というものではありません。もちろん，本書にもそうしたマニュアル的要素はありますが，それよりもむしろ各研究法の考え方を伝えようとしています。マニュアルの是非についてはしばしば議論がありますが，心理学研究法について言えば，マニュアルへの依存は，研究を遂行する人の思考を終了させる面があるのも事実でしょう。「マニュアルにこう書いてあるからこう研究した」とするのではなく，研究法の意義とロジック，基本的な手続きについての理解のもとに，それぞれの研究において，ああでもないこうでもないと思考（試行）する必要があると思います。そうした研究こそ，その人の顔の見える研究，味のある研究ということになるでしょう。

　さて，書店に行きますと，心についての「お手軽本」とでも言いますか，こうすれば心が分かる，心が楽になる，心はこうだ，といった宣伝文句が付与された書籍（通俗本）が散見されるように思います。以前はそこまで多くなかったように記憶しているのですが，年を追うごとにますます増えていっているような気がします。つまりは，世の中に，お手軽主義，安易な風潮，が広がっているということなのだと思います。そうした書籍の意義を頭から否定するものではないのですが，学問としての心理学には，学問の作法，つまり研究法，実践法があります。心理学のどの分野でもそうです。しっかり

とした方法で遂行された研究で導かれた知見は，実のところ「心はこうだ」といったようなはっきりしたものではありません。むしろ，不明瞭であることのほうが多いでしょう。それゆえ，通俗本のような表面的アピール力はたしかに弱いと思いますが，研究者，実践家が格闘の末導いた知見は得難いものです。はっきりとした結果が出ていなくても，「不明瞭であるということが明瞭な知見」は，その知見にふれた読み手・聞き手をして，心に関する思考を深めさせてくれることでしょう。その知見をもとに，心について考え始めるのです。この点については，「おわりに」にも関連する記述があるので，あわせてお読みいただければと思います。

　本書によって，読者の皆様の心理学研究法への理解が進み，それを通して，心についての思考が深まるきっかけがもたらされれば幸いです。

＊　　　＊　　　＊

　本書の初版が刊行されたのは 2012 年 8 月のことでした。その後，徐々に刷を重ね，第 9 刷にまで達しました。これまで多くの方にお読みいただき感謝しております。私の感触としては，この間に，心理学で用いられる研究法に特段大きな変化はなかったように思いますが，このたび，私を含め全著者が，より良い内容にすべく改訂を行いました。刊行以来，本書についておおむねお褒めの言葉を頂戴しましたが，中には批判的な言葉もありました。しかしながら，そうした多岐に渡る反応をいただけたこと自体が，本書の存在感を示すものであると考えています。心理学研究法について理解するためには，何より自分自身で研究を遂行してみることが一番ですが，もちろんそれに先立つ机上の学習が必要です。当初より実践を想定している本書ですので，充実した研究の実現の一助になれば幸いです。今後とも，どうぞよろしくお願いいたします。

　2021 年 5 月

村井　潤一郎

目　　次

心理学研究法概観

1.1 「心理学的」とは

　本書は心理学研究法に関する入門書です。「心理学研究法にはこのような
ものがある」と概観する前に，あえて難しい問題について論じてみたいと思
います。「心理学的」とはどういうことでしょう，という問いです。こうし
た思考をはじめにしておくことが，心理学研究の深化に役立つと思っての問
いです。

　世の中には，多くの心理学者がいて，また心理学を学ぶ人も大勢います。
心理学に関する多くの書籍もあり，「通俗本」も多く出版されています。そ
うしたいわゆる通俗本については，心理学者の中には眉をひそめる人もいる
かもしれません。テレビ番組にも，心理学者，あるいは心理学者のような
（？）人が出演しています。このように，心に関する多くの著作が出版され，
さまざまなメディアで心に関する言明がなされる中，何が心理学的なのかと
考えてみたいのです。心理学的な研究とは何なのでしょうか。テレビや本な
どで「心理学的に言うと……」と述べられることは多いですが，その「心理
学的」ということの意味は何なのでしょう。同じように「心理学的」と称し
ていても，かなり心理学的な「心理学的」がある一方，それほど心理学的で
ない「心理学的」というケースもあると思います。

　心理学者が研究をする，心理学科の学生が研究をする，そうした研究が心
理学的な研究なのでしょうか。それは違うと思います。実のところ，心理学
者が行った研究が心理学的でないということもあると思っています。では，

心理学に従事しない「一般の人」が心について考えることは「心理学的」なのでしょうか。誰しも「あの人は今どのような気持ちなのだろう」「あの人はなぜああいう行動をとったのだろう」と心について考えることがあります。そうした心の営みは「心理学的」なのでしょうか。それも違うように思います。

　「心理学的」とは，まず「人間の心に関する知を生み出す」ということだと思います。となりますと，人間の心に関する他の研究分野のことが頭に浮かぶかもしれません。心理学以外でも，たとえば哲学者が心についての研究を行うなど，いろいろな研究があるでしょう。結果として心に関して検討する学問領域は多いのです。心理学の方法論にのっとることは，人間の心について研究する上での必要条件ではなく，心についての研究は，心理学の専売特許ではないのです。しかし，心理学以外の領域での心の研究では，知は生み出されているものの，必ずしも「心理学的知」ではないと思います。「心理学的知」とは，研究・実践において，人間の心への直接的な働きかけを通して生まれ出たものです。一方，心をテーマとする多くの哲学論文をさまざまな角度から検討しまとめていくという文献研究は，人間の心を直接的に，ではなく，間接的に検討したものだと思います。この点については異論があると思いますが（哲学でも直接的に検討しているという考え），心理学の特性を際立たせるためにあえて書きました。また，誤解のないように書いておきますが，間接的だからといって価値がないということではありません。たとえば，文学作品の研究を通して，人間の心についての知が導出されることはあるでしょう。しかし，「心理学的知」の特徴は，対象，つまり心との直接性にあります。もちろん，対面での会話もあれば，質問紙を通しての対話もあり，研究によって直接性に差異はありますが，基本的には何らかの形で人間の心と直接的に向き合っているのです。それまでの心理学の学問体系，そして他ならぬ自分自身の心を背景に，何らかの方法で人間の心に働きかけ，働きかけた結果をもとに人間の心についての知を生み出し，その生み出された知を公開し他に実践し，知の精錬を図っていく，という一連の過程が心理

学的な研究だと思います。人間の心に働きかける方法にはさまざまあり，その方法のうち代表的なものが，以下本書で説明されるのです。

また，これは学問全般に言えることですが，「知」は公共性を帯びるということにも注目したいです。人間の心に働きかけた結果，このようなことが分かり，自分はこう考えた，ということを論文にするなり学会などで発表するなりすることで，その「知」は，その研究者の世界から飛び出して「世間」にさらされます（「世間」と言うと大きいですが，別にたくさんの人に知らせたから「知」である，ということではないです）。それは，世の中の誰からの批判・支持も引き受けるということです。こうした公共性を帯びた「知」が重要で，「個人的にこう考えた」としてその人がただ心の内に保持しているだけでは，それがどんなに価値のあることであっても「心理学的知」とは言えないと思います。「心理学的知」には，研究者が自分自身の心を背景に考えているという意味での「私性」（"わたくし"性）と，「公共性」という2つの要素が両立しているのです。

ところで，以上では研究対象が人間であるという限定をしていますが，心理学では人間以外を対象にすることももちろんあります。本書では，原則として人間を対象としていることをここでお断りしておきます。

1.2 量的研究と質的研究

以上の説明は具体性に欠けるものですので，これだけでは心理学研究の実際については見えてこないでしょう。そこで，心理学研究でしばしば行われる量的研究・質的研究について，少しだけ説明しておきたいと思います。もちろん，詳細については，以降本書で説明があります。

量的研究では量的データを，質的研究では質的データを分析します。性格についての心理学研究を例に挙げますと，人間の性格について知るために，研究参加者に質問項目を複数提示し，各々に◯をつけてもらってそれを数値化したものが量的データ，一方「あなたの性格についてお話しください」と

質問し，それに対する回答を記録したもの，つまり変数化せずに文字のまま
の状態であるデータを質的データだとここでは考えておきましょう（表
1.1）。

表 1.1　量的データと質的データ

量的データ	質的データ
「あなたの性格について，以下の質問項目のあてはまるところの数字に○をつけていってください。」	「あなたの性格についてお話しください。」
1. 私は几帳面である。　⑤ 4 3 2 1 2. 私は社交的である。　5 ④ 3 2 1 3. 私は神経質である。　⑤ 4 3 2 1 4. 私は気が短い。　　　5 4 ③ 2 1 5. 私は憂鬱な気分になることが多い。　5 4 ③ 2 1	「そうですね……。私は表面的には友人も多く社交的だと思いますが，本当に親しい友人となるとほとんどいません。日常生活では，細かいことが気になる神経質なところがありますが，意外にずさんなところもあって……」

　以上のような質問項目を用いた量的研究については3章で，質的研究，と
くに面接法については5章で説明されます。量的データは数字ですから，平
均などを算出するというように統計的分析にもっていったりします。一方，
質的データについては，量的分析も質的分析も可能です。たとえばですが，
量的分析であれば，ある単語の出現回数を数え上げれば数字を得ることがで
きますし，質的分析であれば，研究参加者間で共通する意味内容についてカ
テゴリーを作成したりします。
　やや思い切ったことを言えば，「心理学研究」などの学術雑誌に掲載され
る論文の多くは，量的データをもとにした量的研究です。心理学の分野によ
ってこの状況は異なりますが，全体的印象としては量的研究が主流を占めて
おり，これは「不健全」と言っても差し支えないと思っています。いかに
「主流」かということに関して，杉澤（1999）は，「教育心理学研究」掲載の
250編の論文を調べたところ，まったく統計的検定を行っていなかった論文
が28編あったと述べています。これは，「28編しかない」とも解釈される

もので，約 9 割もの論文で統計的検定が用いられていたということです。
「統計的検定」の意味については本書では説明する余裕はありませんが，統
計的検定を用いているということは，すなわち量的データを対象にしている
と考えてよいでしょう（量的データに統計的検定を適用しないこともももちろ
んあります）。

　心理学では，量的研究か質的研究か，ということで，しばしば二項対立的
に言われたりします。荒っぽく言えば，量的研究は数字を用いる研究，質的
研究は数字を用いない研究ということになりますが，しばしばある論調とし
ては，数字だけでは心は分からない，したがって質的研究が必要である，と
いうものがあります。この前提には，質的研究であれば人間の心に迫りやす
いということがあると思いますが，心という「目的地」は永遠に到達するこ
とのできないはるか遠くにありますから，このはるか彼方に基準を置けば，
量的研究であれ質的研究であれ，五十歩百歩かもしれません。この「二項対
立」についての「解決」として，「両方の研究とも大事」ということで，1
つの研究の中で量的研究・質的研究の両方を実施する場合があります。たと
えば，第 1 研究で質問紙調査を行い，それを踏まえて第 2 研究では面接を行
い第 1 研究の知見を「深めた」というような場合です。このようなマルチメ
ソッド（6 章参照）は，両方のアプローチをとっているがゆえ，たしかに二
項対立を乗り越えたかのようですが，必ずしもそうではないと思います。二
項対立という論点が安易であれば，では両方やればよいというのもこれまた
安易であり，研究としては実は同じ地平にいるのだと思います（両方を行っ
ている当の研究者は，頭一つ抜きんでたと思っているのかもしれませんが）。
むしろ，同じ 1 つの量的研究であっても，それをより精緻にするように丹念
に研究していく，というように，1 つのアプローチを深めていく姿勢こそが，
（1 つではありますが）かえって心の理解により近づいているのだと思いま
す。

　たとえば，教育心理学研究において，10 の学級（1 学級 30 人）でデータ
を取得したとしましょう。このデータは，学級の中に児童がいるという階層

的データになります。このとき，学級という単位を無視してそのまま分析する（つまり学級という変数を考慮せず30人×10学級＝300人のデータとして分析する）のは不適切です。そうではなく，階層性を生かしたマルチレベル分析（クレフトとデ・リウー，2006など）を用いることで，より精緻な分析を遂行することができます。量的研究をするのであれば，つまり数字を使うのであれば，とことん精緻にいくべきです。こうしたことは質的研究においてもあるでしょう。ですから，以降本書に出てくる研究法を，安易に「複数やればよい」と考えずに，まずは1つに浸りきるということが重要なのではないか思います。とは言え，もちろん，必要に応じてマルチメソッドに持ち込むことを妨げるものではありません。

　量的研究に対する批判として，「数字なんかで人間の心が分かるわけがない」というものがあります。それはその通りです。数字で分かるわけがないのです。ただ，それは質的研究についても言えることだと思っています。数字でなくても人間の心は分かるわけがないという面があるからです。数字を用いたから心理学的価値はないと短絡的に考えるべきではなく，用意周到に準備された実験，調査で得られた数値は，価値あるものです。要は，対象へいかに迫ろうとしているか，その姿勢次第ということになります。量的データであれ質的データであれ，得られたデータが考察を深めるに値しないものであれば，データを分析していかに一生懸命考察したとしても意味はないはずです。そこから意義ある「心理学的知」が生み出されることはないでしょう。たとえば，質問紙調査で，研究参加者に過度に多い質問項目に回答させたのであれば，疲れてしまって適当に回答してしまう可能性が高まりますから，そうした調査状況で得られた数字は考察に値しなくなるでしょう。

　研究では，心という対象へとたどるルートはさまざまあります。登山で山頂に至るルートがいくつもあるのと同様です。しかし，山頂に一足飛びに到達する，というルートをとり得ないのが心理学の特徴の一つでしょう（仮に到達したとしてもそれは勘違いで，着いた先は心ではないはずです）。7章で説明されるようなfMRIのような手法が出た当初は，こうした機器が「一

足飛び」の役割を持つと考えられていたのかもしれませんが，人間の心に関しては，「一足飛びの到着」など永遠にないと考えてよいと思います。

　ところで，本節で「研究参加者」という語が出てきました。文字通り，研究に参加する人，ということなのですが，実際には「研究協力者」「研究対象者」「被験者」など，いくつかの表現が用いられます。この中のどの語を用いることがもっとも自然なのかという点は，各研究法によって異なりますので，本書ではあえて統一しないであります。

1.3　心理学研究と科学

　以上，量的研究・質的研究に関連した説明をしました。ややもすると，数字を用いてそれに対して統計的分析を行っていると「科学的」と思われるきらいがありますが，それは正しくありません。科学というものは一種の態度であって，数字を用いているかどうかは二の次であり，数字を用いていながら非科学的ということもあり得ます。

　成定（2010）によれば，science（科学）という語は，以前はphilosophy（哲学）と同義語で，ともに広義の知的探求とその成果としての知識を意味していたが，やがて哲学から科学が独立した，ということです。今の心理学は，「科学」にのっかりすぎている感じがします。科学＝客観，そしてそれに「主観」を対置させ，主観が悪であるかのように見なされることもあります。しかし，前述したように，心理学研究は，他ならぬ自分自身の心を背景にしているのです。研究者自身の心なしに立ち上がる心理学研究などありません。もちろん，心理学は，科学の方法論にのっかってこそここまでやってきた面は大いにあるわけですが，科学と哲学が同義語であったその時代に今見習うべき面は多いのではないでしょうか。価値あるデータ（それは量的データ，質的データを問わず）をもとに思考を深めていく，この「思考の深化」という「哲学的」側面は無視できないものです。

　「それは主観的だ」と言われるケースとして，研究参加者のことがありま

す。神谷（2003）では，唯一著者本人のみが研究参加者で，自身が4年半に渡って日記をつけ，不随意記憶について検討しています。そこでは，自分のみが研究対象になっているわけですが，これに対して「人数が1人だけじゃしょうがない，しかも自分自身が対象なんて……」と批判することには抵抗があります。1人をひたすらに深めていくことは，多くの人間の心の理解につながるからです。量的研究において人数が多いほうがよい場合は多くありますが，研究によっては必ずしも人数が勝負ではないのです。むしろ，中途半端に大人数に調査を実施して統計的分析を施し，結果的に人間理解につながらない知見が導出されることも多いと思います。歴史的に見ても，フロイトやユングは自身の内面の探求をもとに理論を打ち立てたと言えるでしょうし，エビングハウスのよく知られた記憶の実験についても，研究参加者はエビングハウス自身です。このように，自分を対象にして研究を深めていくことは，その深みがあるところまで達すれば，地中深くの温泉に行き当たるように，突然「公共性」という地層に行き当たることがあるのではないかと思います。

　「科学」という語は時に魔法のように働くことがあって，何か絶対的な好印象をもたらす場合があります。もちろん，科学は否定されるべきものではなく，科学なしには文明の進歩はないでしょう。それもあってか，心理学を紹介する際に，「科学的に研究する」「客観的なアプローチで研究する」と言われることは多いようです。哲学など，他の関連領域との差別化をはかる意味もあるのでしょう。しかし，人間の心に関して言えば，科学の呪縛がマイナスに働くこともあります。たとえば，何らかの心の病について，ある治療法を開発するというケースを考えましょう。科学的立場から言えば，「治す」ということが目標で，それに向かって研究はひた走ります。そこで捨象されるのが「治らない」というケースです。心身とも，どうしたって治らない，変わらないということも多々あります。心理学は，治る側面だけではなく，治らない側面にもアプローチするのです。たとえば，治らない病を持つ人にどう寄り添うか，というようなケースです。ですから，治るということのみ

を「科学的に」志向する心理学は狭隘で，人間の総体的理解から外れていくと思います。心理学の対象には，変えられるところと変えられないところがあります。心理学研究をもとに，社会制度を変えたり，交通標識を見やすくして事故を減らしたり，といった効用をもたらすことは「変えられる」側面ですが，このような狭い意味での「役に立つ」ことのみを志向しないのも心理学研究の特徴です。医学では，終末期医療という形で，「治らない」面へのアプローチはありますが，医学全体から見ますと，割合は小さいと考えてよいでしょう（看護学では違ってくると思いますが）。心理学は，治る・治らない，量的・質的，客観・主観，というさまざまな「対立項」を，その中に両輪として持っていることにその持ち味があります（心理学だけではないですが）。心理学に携わる個々人のレベルで言えば，片輪への偏りを持ちながら心にアプローチをしていることが多いでしょう。一方，心理学全体で言えば，常に両輪が内包されている，ということです。

1.4 心理学研究法の分類

　ずいぶんと大きな話をしてきました。ここでいったん，心理学研究の実際的な説明を本書の流れに沿ってしておきましょう。教科書的になりますが，心理学研究でしばしば用いられる手法としては，調査法，観察法，実験法があります。その中に下位分類があり，たとえば，調査法の中に，質問紙調査法（3章）や面接法（5章）があるわけですが，以下，調査法，観察法，実験法の概念的な関係を，2次元平面に表した図 1.1 を紹介します。

　横軸は，研究者による操作があるかないかです（「操作」については 2 章参照）。縦軸は，研究参加者に尋ねるかどうか，つまりことばを用いているかどうかということです。実験法は，研究者による操作があり，研究参加者に尋ねる場合も尋ねない場合も両方ある，調査法は研究者による操作はなく，研究参加者に尋ねる，観察法は研究者による操作はなく，研究参加者に尋ねない，ということです。図にはありませんが，面接法は，調査法のところに

該当するでしょう。また，この図は単純化してありますが，たとえば実験的
観察法（4章参照）のように，操作がある観察法も実際には存在します。

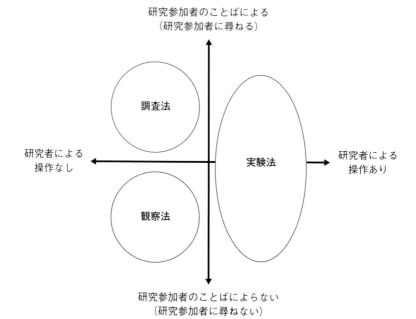

図 1.1　**心理学研究法の分類**（村井，2003より）

　本書では，**図 1.1** の分類より細かい章立てになっておりますので，**表 1.2**
を作成してみました。研究法として，実験研究，調査研究，実践研究，の3
つを設定しました（**図 1.1** では，調査と観察を分けていますが，観察法は広
義の調査に含まれます）。分析が量的か質的か，という軸も設定してありま
す。

表 1.2　**本書の展望**

	実 験 研 究	調 査 研 究			実 践 研 究
	実 験 法	質問紙調査法	観 察 法	面 接 法	
量 的 分 析	2章・7章	3章	4章		
質 的 分 析				5章	6章

　表 1.2 において，実際には「実験法で得られたデータについて質的分析」「質問紙調査法で得られたデータについて質的分析」「面接法で得られたデータについて量的分析」というように，空欄部分についての分析もありますが，実際の心理学研究では相対的に少数と思われるため，本書では割愛してあります（実践研究における量的分析など，少しふれている箇所もあります）。観察法については，量的分析，質的分析ともに行われていると判断し，両者について説明してあります（4 章）。

　上記について，本書はまず「基本的手法」として 2 章～5 章があり，続いて「応用的手法」として，6 章，7 章がある，最後に卒業論文を想定して心理学論文の書き方（8 章）がある，という流れになっています。

1.5　心理学研究という営み

　本章の最後に，心理学研究遂行に際しての気持ちの持ち方のようなことについて述べてみたいと思います。

　普段卒業論文の指導などをしていて，「私は質問紙調査をしたい」という学生がいますが，これはやや違和感のある表現です。というのも，まずは迫ってみたい現象があり，それにどう迫るかという姿勢から研究法は選択されるべきものだと思いますので，「質問紙調査をしたい，そのためのテーマ（現象）を選択」では順序が逆だと感じてしまうのです（図 1.2）。もちろん，観察が好きだから観察法を，というように，手法が先に立つこともあり得る

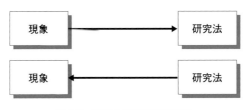

図 1.2　現象と研究法の関係性

ことだとは思いますが，何よりもテーマだと思うのです。

　まずは，自分が興味ある心の現象は何なのか，興味よりももっと生々しい自分自身の心のエネルギーが向かう先は何なのか，そこの部分を活性化させてほしいと思います。明らかにしたい，知りたい対象があってこその研究法であって，こういう研究法をとりたいから，それに見合う現象はこれだ，という逆方向では研究に迫力が出ないように思うのです。方法論のための方法論，研究法のための研究法であってはならない，とも言い換えることができるでしょう（と書きつつ，テーマはどうあれ，とにかく面接で人と会いたい，そういう気持ちをきっかけに始まる研究もあると思っています）。ともあれ，研究者の顔の見える研究をすることが大切だと思います。一方，研究参加者の顔の見える研究は，とくに大人数を対象とした調査などではなかなか難しいですが，たとえば調査後何人かに面接をするという形で，顔が浮かび上がることはあるでしょう。このように，調査と面接，というように，複数の手法を用いることが時に有効な場合もありますので，ある研究を遂行する際，以下に解説されるどれか1つの手法にこだわる必要はないと思います（前述したことと矛盾する内容ではないです）。研究者と研究参加者との十分な「対話」こそが，意義ある「心理学的知」を生み落とすのではないでしょうか。もちろん，文字通りの「対話」ばかりではないです。大人数を相手にした調査であっても，考え抜かれた質問紙調査によって得られたデータから，見えない研究参加者の顔が見えてくることもあるでしょう。データと対話するわけです。実験室実験であれば，実験室における一人ひとりの行動が，研究者の脳裏にあるかもしれません。それらを思いつつ，研究参加者全体のデータと対話するのです。

　まずは心の現象への思いがあること。そして，それに対して「きちんとした」手法で接近すること（研究法）。それに対して思考を深めること。この三段階がそろって初めて「心理学的知」が生み落とされるのだと思います（図1.3）。たとえば，興味のない現象について，「てきとうな」（「安易な」と言い換えてもよいでしょう）調査をしてデータ収集，それを分析する，と

いう過程は，データという数字を踏まえているがゆえ，一見「心理学的」と思われるかもしれませんが，現象への思いもなければ研究法への思いもない，思考の深化もないということで，心理学的とは言えないと思います。テーマが心である，ただそれだけなのです。テーマが心であるだけでは，心理学的ではありません。上記の3段階はどれ一つとして欠けてはならないものなのです。本書は，図1.3の3つのボックスのうちの真ん中，「研究法」について詳述するものです。それはつまり，続く「思考の深化」が意味あるものとなるために，ということです。思考してもしょうがない，問題のある研究法で得られた粗雑なデータについては，いくら頑張って思考したとしても意味がないのです。英語で「garbage in, garbage out」（GIGO）という言い回しがありますが，ゴミを必死に分析してもゴミしか出てこないのです。必死に思考する価値のある研究法をいかに遂行するか，それが本書の主眼と言えるでしょう。

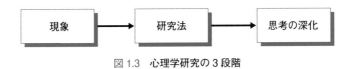
図1.3　心理学研究の3段階

　先に「一般の人が心について思考すること」について言及しました。そうした思考に意味がないということはないです。それはその人にとってはとても意味があるのです。それは，図1.4のようになるでしょう。

図1.4　心についての思考（一般の人の場合）

「研究法」という媒介がないのです。これは，「その人専用の知」を生み落としたという意味で価値があります。しかし，心理学者，心理学を学ぶ学生が心理学研究を遂行することの意味は，その間に研究法を媒介させることにあります。それが図1.3なのです。

　図1.3では3段階としてありますが，さらに厳密を期すならば4段階になります。思考の深化を経て文章化することによって，あるいは学会，研究会などで発表することによって，はじめて公共性を帯びることになるわけです（図1.5）。文章化の際には，ただいたずらに自分の心を前面に出すのではありません。先に「自分自身の心を背景に」と書きましたが，自身の心を背景に，作法にのっとって書くのです。書き方には作法があります（8章）。作法にのっとらない表現は，せっかくの価値ある思考をだめにしてしまうこともあり，「心理学的知」としての結晶化を妨げるものでしょう。

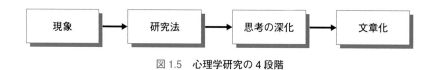

図1.5　心理学研究の4段階

　以上偉そうなことを書いてしまいましたが，こうしたことに思いをはせることも重要だと思っています。読者の中には，プロの心理学者を目指す学生の方もいるでしょう。その場合，いわゆる「業績主義」という荒波にもまれることになります。思考の深化などしていられない，とにかく論文を書かないと，ということにもなりかねません。しかし，最低限意識する必要があるのは，そこで導かれた知見が，心の理解にマイナスになることはあるまいか，ということです。さらにまた，準備不十分な実験，調査で，心に傷ついた研究参加者が出てしまったり，あるいは，そうした害はなくとも，結果の拡大解釈から，心の理解の妨げになるような文章を書いてしまう，ということもあるかもしれません。心理学研究を遂行する者には，一定の社会的責任があるのです。

　本章では，必ずしも十分な理解をせずに，大きなことについて大上段に構えて論じている部分がありますが，本章の内容は今後も引続き考え精緻化させていきたいことです。本書を通読した後，あらためて本章をお読みいただければまた違った印象を受けるのではないかと思っています。

実 験 法

2.1 実 験 と は

　心理学ではさまざまな研究法が用いられますが，実験法もその一つです。1章では，量的研究の例として質問項目を用いた調査研究に言及しましたが，実験法も，ほとんどの場合，量的研究に入ります。「ほとんどの場合」としたのは，実験で質的データを得て分析することもあり得るからです。

　「実験」と聞いて読者のみなさんが思い描くイメージは，学校の実験室で行う理科の実験のようなものかもしれません。その意味では，7章で説明されているような何らかの機器を用いた研究手法は，実験についての素朴なイメージに沿うものでしょう。しかし，機器を用いなくても，心理学では実験ができます（機器を用いる場合ももちろんあります）。また，実験室で行う実験もあれば，実験室外（フィールド）で行う実験もあり，また教室で授業の一部を借りて行う実験もあります。本章では，心理学における実験について，話の流れを第一にして，その流れの中でさまざまな概念を説明していきますが，まずこの冒頭部分でいくつかの重要概念を説明します。

　1章では，心理学研究と科学について論じましたが，実験法は科学の最たるものとして位置づけられます。たとえば，医学・薬学において，体重を減少させる薬の効果を検証する研究があったとしましょう。この場合，薬の効果をどのように検証すればよいでしょうか。まず，問題点のある検証法として「研究参加者10人に薬を1週間飲んでもらい，薬を飲む前の10人の体重の平均と，1週間飲んだ後の体重の平均とを比較して，平均値の減少が認め

られた」というケースを考えてみましょう（以下，ケース1とします）。これだけでは薬の効果がきちんと立証されたとは言えません。なぜなら，この研究には「他の原因として何があるのか」と，さまざまな不備が指摘できるからです。たとえば，研究実施期間が夏で，とくに何もしていなくても体重が減少しやすい時期であったとか，1週間どのような食生活を送っていたのかが不明確である，などです。あるいは，研究参加者によっては，「自分は研究に参加しているのだ」という意識が，日々の生活の襟を正すことにつながり，望ましい食生活の変化をもたらすかもしれません。このように，上記10人の「実験」では，薬の効果について立証しきれていないわけです。

　そこで，薬を飲む**実験群**に加え，**統制群**（コントロール群とも言われます），つまり薬を何も飲まない群（あるいは，なんの効果もない薬，つまり偽薬を飲む群）を設定し，研究参加者をこの2群に無作為に分けた（これを無作為配置と言います）とします（以下，ケース2とします）。結果，たとえば統制群では体重の減少が認められず，実験群では体重の減少が認められるなど両群で減少の程度が異なれば，先の「とくに何もしていなくても……」という批判をかわすことができます。このように，実験とは「必ずしもそうは言えないのでは……」という批判を除去するためさまざまな工夫をすることで，そこに因果関係（この場合，「この薬を飲めば体重が減少する」という関係）があることを立証しようとするものです。実験の目的は，因果関係について検討することなのです。**因果関係**とは，原因→結果というメカニズムを示す関係であり，この例では，原因が薬の服用，結果が体重の変化になります。なお，原因のほうの変数のことを**独立変数**，結果のほうの変数のことを**従属変数**と言います。

　上記のケース1，つまり統制群を設けない「10人の実験」（これを**1群事前事後テストデザイン**と言います）について否定的に書きましたが，実際の研究ではこのような「実験」が行われることはあります。現実にはさまざまな制約があるので，統制群を設定することができなかったり，2群を設定できたとしてもそれらに研究参加者を無作為に割り振ることができなかったり

します。厳密な意味での実験（「純」実験）とは言えないまでも，それに準
ずる実験のことを**準実験**と言いますが，たとえばケース2で無作為配置がな
されないものが準実験に相当します（**不等価2群事前事後テストデザイン**
と言います。2群に無作為に割り振っていないため，2群は等価とはみなせ
ないということです）。また，ケース1のような1群事前事後テストデザイ
ンは準実験のさらに下，つまり**偽実験（擬実験）**に相当します。一方，ケー
ス2は，統制群を設けることによって薬と体重の因果関係について焦点を当
て，なおかつ無作為配置を伴うものであって，きちんと実験と呼べるもので
す。通常，実験と言った場合には，「純」実験を意味します。以上について，
図2.1に整理しておきました。実際の研究では，純粋な意味での実験ばかり
が遂行できるわけではなく，現実的制約を考慮しつつ最善の研究法を選択し

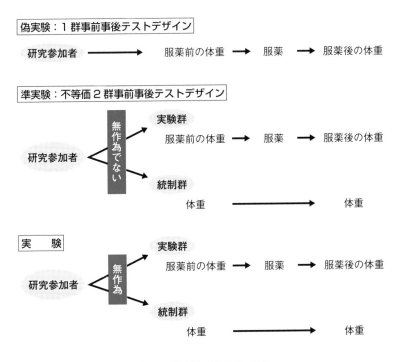

図2.1 **偽実験・準実験・実験**

ていきます。たとえば，実際の学校現場を対象にして新しい教育方法の効果
を検討する研究では，無作為配置をしたくてもできない場合のほうが普通だ
と思います。

　なお，図2.1において，実験でも準実験においても同様に，統制群という
語を用いています。しかしながら，ウィルキンソンら（1999）は，無作為配
置を伴わない場合には，統制群（control group）という語は注意して用いる
べきであると述べ，その代わりに**対照群**（contrast group）という語を使う
ことを推奨しています。対照群という語は，しばしば統制群（コントロール
群）という語と同じ意味として用いられますが，たしかに，統制群という語
は「きちんと統制している」ことを含意するものですから，準実験において
は厳密には使うべきではないでしょう。ただし，本章では，分かりやすさの
ために，準実験においても実験においても同様に統制群という語を用いてい
ます。

　以上より，一口に実験と言っても，

「純粋に実験である（＝実験）」

「実験に準ずる（＝準実験）」

「実験のようであるが実験とは言えない（＝偽実験）」

など，いくつかのレベルがあることが分かると思います（**表2.1**。現時点で
はまだ説明していない概念も表中にありますが後述します）。この順に，実
験としての精巧さは落ちていきます。つまり，因果関係の有無についてはっ
きりと主張できる程度（後述しますが，これを内的妥当性と言います）が落
ちていくということで，偽実験では，因果関係について何か言うことがとて

表2.1　さまざまな「実験」

名　　称	操　　作	無作為化	内的妥当性	例
実　　験	○	○	○	完全無作為化2要因デザイン
準 実 験	○	×	△	不等価2群事前事後テストデザイン
偽 実 験	×	×	×	1群事前事後テストデザイン

も難しくなってしまいます。一方，実験としては精巧であったとしても，そうであるがゆえに，かえって現実離れした研究になってしまっている場合もありますので注意が必要です。研究で導かれた知見をどの程度現実世界に適用できるのかという点を**生態学的妥当性**と言いますが，実験では生態学的妥当性が常に問題になります（4章の「実験的観察法」（p.104）にも関連する記述がありますので参照してください）。

　ここであらためて，実験とは何か，ということについて考えてみたいと思います。サール（2005）は，実験法の「2つの主要な定義的特徴」として，

1. 独立変数を変化させ従属変数に何らかの効果が生じるかを調べる

2. 無作為配置

の2つを挙げていますが（実際の文言を省略して書きました），1はつまり独立変数の「操作」ということです。**操作**とは，薬を飲む条件，飲まない条件のように，研究者の側で条件を設定し，遂行することです。つまり，研究者が独立変数を変化させることです。たとえば，「研究参加者に薬を飲んでもらう，飲んでもらわない」というのは，研究参加者ではなく研究者の側が決め，実行することです。2の無作為配置ですが，正確には「無作為化」ということになるでしょう（実際の書籍では，無作為化と無作為配置とが同じ意味として用いられることもあります）。無作為配置のみならず，何らかの意味で無作為性があるということが実験の要件ということです。後述しますが，研究参加者のそれぞれが，1つの条件だけではなく，複数の条件を経験する実験デザインがありますが，この場合，各条件をどのような順に経験していくかという「経験順序」を無作為にすることがあります。ここでは，研究参加者を各群に無作為配置するということはしていませんが，実施順序については無作為です。このように，順序を無作為にすることのみを指して無作為化と呼ぶこともありますが，本章では，研究参加者の各群への無作為配置であったり，順序を無作為にすることであったり，無作為性を導入するこの両者を包括する概念として**無作為化**という語を位置づけたいと思います（ただし，以降，文脈によっては，「無作為配置」という語を用いることで，

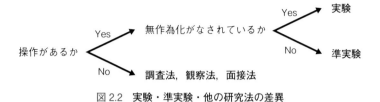

図 2.2　実験・準実験・他の研究法の差異

「順序の無作為化」も含めた形で説明している箇所もあります）。なお，この2つの手法はいずれも変数（正確には剰余変数：後述）を統制していることになります。

　以上より，操作と無作為化が実験の2要件であり，準実験は操作のみであり，操作がなければ実験でも準実験でもなく偽実験です。この点を図 2.2 に整理しました。1章で述べたように，操作の有無が，実験とそれ以外の研究法を分けるものです。図 2.2 の通り，操作がある場合に，さらに無作為化の有無という分岐点があって，実験か準実験かが規定されてきます。

　実験とは，諸々を研究者のコントロール下に置く営みです。操作もそうですし，研究参加者の無作為配置もそうです。実験の基本は，環境をコントロールするということですが，実験を遂行する心理学者は，ある研究目的のために実験事態をしっかりと設定し，その枠内での人間の行動・心の動きなどを測定するわけです。なお，狭義の実験は上述のように操作と無作為化の2要件ですが，広義には，「統制された状況で何かやってみること」を指すこともあります。

2.2　心理学における実験

　以上では，薬の効果，という心理学的ではない例を用いて説明をしました。それでは，心理学での実験にはどのようなものがあるのでしょうか。よくテレビなどでは，心理学的なテーマについて「ちょっと実験してみよう」という企画がありますが，これは研究としての実験ではありません。この場合，ただ単に「統制されていない状況で何か実際にやってみる」ということだけ

をもって「実験」と言っているのであり，学問としての実験には，それとは
違って論理があります。

　ここでは，英単語をいかにして覚えるか，という研究を考えましょう。た
とえば，英単語を覚えるとき，立って勉強するとよりよく覚えることができ
るのか，つまり英単語の成績（小テストの得点とします）が上昇するのか，
という点について検討するケースを考えてみましょう（実際にはまずなさそ
うな研究ですが，トルストイなどは立ち机で仕事をしたことが知られていま
す）。実験の枠組みは，基本的には，上記の薬の実験に沿うものです。心理
学は，実験という自然科学の手法を取り入れることによって発展してきた面
があります。

　今，仮に実験群・統制群の2群に無作為に研究参加者を割り当てたとしま
しょう。実験群では立って覚えてもらい，統制群には座って覚えてもらいま
す（図2.3）。

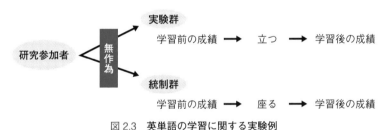

図 2.3　英単語の学習に関する実験例

　上記で事前と事後の間にある「立つ・座る」といった介入を**処遇**（処理）と
言います。「処遇」という語は，研究参加者に対してやや横柄な言い回しな
のですが，ここでは通例にならって用いることにします。**図2.3**では，処遇
として「立つか座るか」という「体勢」があります。立つか座るかで，成績
という心理的なものの反映物の変化の違いをみる実験ということになります。

　ここで先の薬のケースと，**図2.3**のケースとを比較してみましょう。薬の
実験では，服薬，つまり薬を飲んだか飲まなかったかという「動かぬ事実」
があり，体重という客観的指標があります。処遇は確実に遂行されており，
体重は体重計がきちんと測定してくれるのです。対して**図2.3**では，「立つ

か座るか」という点について実験者がきちんと見ていれば，処遇は確実に遂行できますが，研究参加者によっては，途中で立つとも座るとも言えない体勢をとるかもしれず，その意味では，ある程度不確実性があります。また，成績はテスト得点ですから，体重ほど信頼できる数字ではありません。たまたま知っていた単語が出題されたり，事後テストで眠気が襲ってきたり，といったさまざまな事象にテスト得点は影響を受けます。なお，処遇として「立つか座るか」ではなく「ある学習法 A」を設定すると，事態はさらに難しくなります。学習法 A をきちんと遂行してくれたかどうかという不確実性があるからです。「このような学習法を行って英単語を覚えるようにしてください」という説明（研究参加者に対するこうした説明を**教示**と言います）が，研究参加者によってどの程度きちんと心の中に入ったかという問題です。教示をよく聞いていなかったり，理解できなかったりする研究参加者も中にはいることでしょう。このように，処遇の遂行には不安が伴います。もちろん，服薬についても，きちんと飲んでくれただろうか，という不安はありますが，学習法の遂行のように「心の中のこと」でない分，事態は明確でしょう。血中の何らかの成分をみることにより，1 週間薬を本当に飲んだのかどうかを確認することもできるかもしれません。

　それでは次の図 2.4 の場合はどうでしょうか。

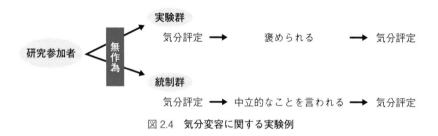

図 2.4　気分変容に関する実験例

　事前・事後の「気分評定」は，下記のように，質問項目に対して，5～1のどこか 1 つの数字に○をつけるというものとしましょう（3 章で説明しま

すが，これを評定法と言います）。

	とてもあてはまる	わりとあてはまる	ややあてはまる	ほとんどあてはまらない	まったくあてはまらない
気分がよい	5	4	3	2	1

　事前の気分評定後，異性の実験者から何かについて褒められたということをお考えください（実際の実験では，褒めの効果を検討していることが悟られないように，何らかの工夫をします）。**図2.3**の「成績」が「気分評定」に変わったことで，さらに「心理色」が強まったと思います。テスト得点も心理的，主観的ですが，気分評定は，なお一層その傾向が強いでしょう。

　この**図2.4**のケースでは，主に2つの懸念が生じ得ます。第1に，上述した「指標の客観性」ということがあります。研究参加者が今の気分を正確に5～1として置き換えられるか，つまり心の中の状態を正確に数値に置き換えることができているかという根本的なことです。これは，実験法に限らず，心理学の量的研究の多くに共通して言えることです。第2に，研究参加者が，褒めを褒めとして受け取ったのか，という問題があります。もちろん，実験に先立つ**予備実験**で，多くの人が「褒め」と認識するような言葉を見極め，それを**本実験**で用いるわけですが，そうであっても，研究参加者によっては全然褒められたと感じない，あるいはそもそもちゃんと言葉を聞いていなかった，ということもあります。関連して言及しておきますが，予備実験とは，上記のように操作がうまくいくかといった確認に限らず，従属変数の測定はうまくいくか，実験者の振る舞いは問題ないか，全般的に実験が滞りなく進むか，といった各種確認をする重要なステップです。予備実験前に，実験の流れの詳細を記した**実験シナリオ**を作成しておくとよいでしょう。予備実験の結果を踏まえ改訂し，本実験に臨むわけです。

さて，以上，実験例ごとの特徴について，**表2.2**にまとめておきました。

表 2.2　実験例ごとにみた特徴

	指　　標	処　　遇
薬の効果に関する実験例（図 2.1）	客 観 的	客 観 的
英単語の学習に関する実験例（図 2.3）	ほぼ客観的	ほぼ客観的
気分変容に関する実験例（図 2.4）	主 観 的	主 観 的

　第1の点（指標の客観性）については，心を数字に置き換える際の問題点ということで，数字を扱う心理学研究すべてに共通する根本的問題です。たとえば，多すぎる問題数から構成される英単語テスト，難解な問題ばかりの英単語テストだったり，気分評定の項目が多すぎたり，ということがあれば，「心の，数字への置き換え」に支障が出ることは想像に難くありません。しかし，測定道具に万全の体制をとったとしても，やはり測定の正確さの問題は残ります。

　第2の点（褒めの認識）については，研究参加者が，研究者の想定通りきちんと褒めを褒めと認識したかのチェックをする必要があります。褒めるか褒めないか，については，研究者が設定する条件です。つまり操作をするわけですが，この操作がうまくいっているかをチェックするのです。これを**操作チェック**と言います。図2.4の例ですと，実験後，実験者が何と言っていたかを書いてもらう（聞こえていたかのチェック），そしてそれをどの程度褒めと感じたか，ここでも5〜1のどこか1つの数字に○をつけてもらう，ということをしたりします（前者のみのチェックを「操作チェック」ととらえる立場もあります）。そして，実験群と統制群で，その平均値に差があることを統計的観点から確認するわけです。もちろん，褒められた程度に関して「実験群＞統制群」でないと操作が成功したことになりません。そうでなかった場合（「実験群＝統制群」「実験群＜統制群」）は，基本的には実験をやり直すことになります。操作がうまくいくことは実験の前提条件だからです。

　ここまで，事前・事後，という実験例ばかりをみてきましたが，心理学で

は，それ以外の実験も行われます。よくある実験として，**完全無作為化2要因デザイン**を紹介しましょう。たとえば，折込みチラシの温泉広告の効果について検討する実験を考えましょう。どのような温泉広告が，それを見る人に「行きたいな」と思わせるのでしょうか。この「行きたいな」と思う気持ちが従属変数です（ここでは「旅行動機」と名づけておきます）。旅行動機にはどのような要因（実験における「要因」の意味については，すぐ後に説明します）が効いているのでしょうか。その要因の一つとして，広告に写真があるかないか，もう一つの要因として広告がカラーか白黒か，ということを考えましょう。この場合，要因が2つありますので**2要因デザイン**と言います。要因は（原因のことですから）前述した独立変数です。研究者が，広告を「写真の有無」「カラーか白黒」という2つの観点で操作していることになります。さらに，この「写真の有無」「カラーか白黒」ということを**要因**と言い，要因に関する具体的な状態，つまり「写真あり」「写真なし」，あるいは「カラー」「白黒」，のことを**水準**と言います（「要因」という語と「水準」という語ですが，初学者の方はごっちゃにとらえている場合があります。両者は違う概念ですので間違えないでください）。この実験例では，各要因の中に2水準を想定しているのです。なお，水準数は2つに限りません。3水準だったり4水準だったりすることもあります。ただし，1水準というのはありません。実験では，従属変数について，異なる水準間で同じ尺度の値を比較するわけですので，最低でも2水準ないと比較そのものが成立しません。そしてそもそも1水準では変数になりません。

　さて，上記の広告に関する実験について，表2.3に整理しておきます。

表2.3　完全無作為化2要因デザイン

	カ ラ ー	白　黒
写 真 あ り		
写 真 な し		

　研究参加者は，まずいずれか1つの実験条件に無作為に割り当てられます。

実験条件は全部で4つです（表2.3にマス目が4つありますね。こうしたマ
ス目を**セル**と言います）。つまり「写真ありでカラーの広告を提示される条
件」「写真ありで白黒の広告を提示される条件」「写真なしでカラーの広告を
提示される条件」「写真なしで白黒の広告を提示される条件」です。研究参
加者は，これら4つのいずれか1つに無作為に割り当てられます。これが
「完全無作為化」の意味です。

　研究参加者は，それぞれの広告を提示され，どの程度行きたいか，たとえ
ば5〜1のどこか1つの数字に○をつけるというような形で反応します。研
究者はそうして集めたデータについて，条件ごとに平均値にまとめるなど分
析をします。

　ここで先ほどの**図2.3**の実験例（英単語の学習の例）を思い出してくださ
い。研究参加者は，実験群，統制群の2つのいずれかに無作為に割り当てら
れました。そして，事前・事後2回に渡って英単語の小テストを受けました。
すべての研究参加者が2回とも，です。これを**表2.4**に整理しておきます。

表2.4　2要因混合デザイン

	事　　前	事　　後
実 験 群		
統 制 群		

　表2.4を見ると4つのセルがありますから，上記の完全無作為化2要因デ
ザイン（表2.3）と似ています。どこが違うのでしょうか。表2.4では，研
究参加者は，実験群・統制群のいずれかに割り当てられますが，事前・事後
については，そのいずれについても経験します。一方，表2.3では，研究参
加者は4つのうちいずれか1つに無作為に割り当てられました。つまり，写
真ありに割り当てられた人が，カラーも白黒も両方提示されることはないと
いうことです。なお，表2.4のケースで事前・事後を要因とみなさない立場
もあります（事前を単なる共変量ととらえる立場）。

　ここで，対応の有無，という重要な概念を持ち出す必要が出てきました。

表2.3のように，ある要因において，研究参加者がいずれか1つの水準のみを経験する場合，その要因を**対応のない要因**と言い，**表2.4**の事前・事後のように，研究参加者がいずれの水準についても経験する場合，その要因を**対応のある要因**と言います（以上の説明は，正確には，参加者間要因，参加者内要因に各々該当します。この点については後述します）。**表2.4**のタイトルに「**2要因混合デザイン**」とありますが，「混合」とは，対応ありの要因と対応なしの要因が両方あるということです。つまり，実験群・統制群が対応のない要因，事前・事後が対応のある要因ということです。

　となりますと，2要因とも対応のある要因という実験も考えられます。たとえば，ある絵画を見るときに，照明の明るさ（明るい・中程度・暗い）という要因と，周囲に漂っている香り（ミント・無臭）という要因を考えたとします（**表2.5**）。これら2要因を独立変数，絵画の印象を従属変数としましょう。研究参加者は，いずれの照明条件も経験し，いずれの香り条件も経験するとします。つまり，明るい照明でミントの香りが漂う中，絵の印象を評定する，その後，明るい照明で無臭の中，絵の印象を評定する，……ということを計6回（3水準×2水準）経験するということです（このように研究参加者に繰返し測定することを**反復測定**と言います）。両方の要因とも対応ありですので，このような実験を（ともに）**対応のある2要因デザイン**と言います。

表2.5　対応のある2要因デザイン

	ミント	無　臭
明 る い		
中 程 度		
暗　　い		

　ところで，この実験例では，たとえば，明るい照明でミントの香りが漂う中，絵の印象を評定した経験が，次の評定に影響しますし（**順序効果**と言います），また，研究参加者に実験の意図を読み取られる可能性が大いにあり

ますので，この場合は問題のある実験になってしまいます。ここで順序効果を消すためには，研究参加者によって，6つを経験する順序を無作為にすることで一応の対応はできます。この点について説明するために，よりシンプルな研究例として，実験条件としてＡ条件，Ｂ条件の2水準のみがあるケースを考えてみましょう（対応のある要因とします）。このとき，半数の研究参加者にはＡ条件→Ｂ条件の順序で，もう半数の研究参加者にはＢ条件→Ａ条件の順序で実施するというように，実施順序について系統的にバランスをとることで順序効果に対処することを**カウンターバランス**と言います。カウンターバランスは，上述した「順序を無作為にすること」に類似していますが（そして時にこの両者は同義として用いられることもありますが），カウンターバランスとは「半数の研究参加者はＡ条件→Ｂ条件の順，もう半数はＢ条件→Ａ条件の順」というように系統的であるのに対し，順序の無作為化のほうは，Ａ，Ｂのみならずもっと多くの刺激があった場合などに，研究参加者によって「Ａ→Ｆ→Ｂ→Ｇ→……」であったり，また「Ｇ→Ｃ→Ａ→Ｄ→……」であったりと，順序を無作為にすることです（図2.5）。

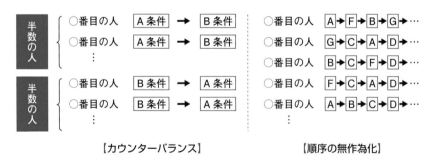

図2.5　カウンターバランスと順序の無作為化

　要因を「対応あり」にしますと，表2.5の例で言えば1人に6条件すべてやってもらうわけですので，必要な研究参加者の数が少なくてすむという利点はありますが，上述した順序効果であったり，実験意図が読み取られたり

といった問題点が出てくることがあります。順序効果に関連して，**練習効果**とは，研究参加者が繰返し実験に参加し続けることで実験に慣れ，何らかの上達が出てきてしまうことです。一方，参加し続けることで疲れてしまい，上達とは逆方向に行ってしまうこともありますが，これが**疲労効果**と呼ばれるものです（以上の点は，後述の内的妥当性に関連します）。以上のような問題点が顕著に生じない場合にのみ，要因を対応ありにします。

　表2.5では，照明の明るさという要因に3水準，香りという要因に2水準あります。このような場合「3×2のデザイン」と言ったりしますが，結果をまとめる際には，図2.6下の表のようにすることがあります。全部で3×2=6個のセルがあります。たとえば，各条件下での絵の印象得点の平均のように，セルごとに平均を入れることが多いですが，そうした平均のことを**セル平均**と言います。

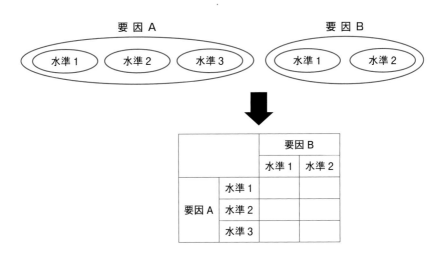

図2.6　2要因デザインの結果のまとめ

　上記では，2要因についての実験例を挙げてきましたが，実際の研究では1要因の実験も行われます（一方，逆に要因を増やし，3要因以上にすることもあります）。たとえば，表2.5の例で，香りは検討せず照明のみを検討

するのであれば，照明という1つの要因について検討することになります。
照明に「明るい・中程度・暗い」の3水準があり，この要因を対応なしにす
れば，この3水準のいずれか1つに研究参加者を無作為に割り当てます。こ
うした実験を**完全無作為化1要因デザイン**と言います。実験によっては，
この1つの要因を対応ありにする場合もあります。この例の場合，研究参加
者が3水準とも経験すれば（つまり反復測定にすれば），**対応のある1要因
デザイン**となります。ここで，これまでに出てきた実験デザインを表にまと
めておきましょう（表2.6）。

表2.6　**さまざまな実験デザイン**

1　要　因	完全無作為化1要因デザイン 対応のある1要因デザイン
2　要　因	完全無作為化2要因デザイン 2要因混合デザイン 対応のある2要因デザイン

　1要因デザインと2要因デザインとでは何が異なるのでしょうか。もちろ
ん要因数が違うわけですが，何より重要なことは，2要因以上では交互作用
効果の分析ができるということです。**交互作用効果**とは，**表2.5**の例で言え
ば，「ミントの香りの場合には，明るい照明下において絵画がもっとも好印
象であるが，無臭の場合には，暗い照明下においてもっとも好印象である」
といったような，2つの要因の組合せの効果のことです。より正確に言えば，
ある要因の効果が，別の要因の水準によって異なることです（差同士の差と
いうことになります）。こうした点については，当然，1要因デザインでは
検討できないわけです。交互作用の説明については，ここではこれ以上踏み
込みません。山田・村井（2004）などを別途参照していただければと思いま
す。
　ところで，上記の実験例では，「写真の有無」を操作したりというように，
いずれにおいても何らかの操作がありました。しかし，実際の研究では，操

作されない，つまり操作不能の変数もあります。たとえば性別，きょうだいの有無のように，もともと研究参加者に織り込まれている属性などです。この場合でも，表2.7のように見かけ上は実験のようになりますが，実験ではありません。なぜなら，上述したように，実験の2要件の1つとして操作があるわけですが，この場合，人を男性・女性に無作為に配置することなどできない，つまり性別は操作できない変数だからです。きょうだいの有無についても同様です。

表2.7　操作のない2要因デザイン

	きょうだいあり	きょうだいなし
男　　性		
女　　性		

　この，要因の「対応なし」「対応あり」という区分についてですが，これと関連・類似した用語で「参加者間」「参加者内」という区分もあります。以前は，各々「被験者間」「被験者内」と呼ばれていましたが，近年，研究に参加する人に対する呼び名として「被験者」という語から「参加者」という語へのシフトがなされる中で，統計学においても同様に「参加者間」「参加者内」という呼称が増えてきましたが，内容的には同じことです。**参加者内要因**というのは，事前・事後のように，その要因の各水準における測定が同一の研究参加者の中で繰り返されるということです（反復測定）。対して**参加者間要因**というのは，要因の各水準に異なる研究参加者が割り当てられるということです。

　さて，多くの場合「対応なし」は「参加者間」に，「対応あり」は「参加者内」に対応するのですが，実は必ずしも対応しません。先の図2.3の実験例で言えば，記憶力の高い人が実験群に偏るとそれが結果に影響しますから，事前に何らかの記憶テストを実施し，テスト得点順に組を作っていき（実際には2人に限りません），組（これを**ブロック**と言います）ごとに，研究参加者を各群に無作為に割り当てていく，ということをする場合があります

（この場合，英語力などもこうした変数の候補でしょう）。こうした作業を**ブ
ロック化**あるいは**マッチング**と言いますが，こうすることで，両群の記憶力
は同程度になるようにできるわけです。組ごとに，組の1人は実験群，もう
1人は統制群，と無作為に割り当てていくわけですので，この2人は「記憶
力が同じ者どうし」ということで対応しています（こうすることで交絡の防
止につながります：後述）。ですが，もちろん違う研究参加者ですので，参
加者間要因になります。つまり，対応のある要因だからと言って，必ずしも
参加者内要因だとは限らないということです（一方，対応のない要因は，基
本的には参加者間要因です。表2.8注参照）。実際には，多くの場合，対応
のない要因＝参加者間要因，対応のある要因＝参加者内要因，なのですが，
そうでない場合もあるということです（表2.8）。

表2.8　対応のない要因・対応のある要因と参加者間要因・
　　　　参加者内要因

	参加者間要因	参加者内要因
対応のない要因	参加者間で無作為化されていれば対応なし	
対応のある要因	マッチング	参加者内であれば対応あり

（注）対応のない要因・参加者内要因のセルに斜線を入れましたが，実際の研究では，た
とえば，研究参加者に事前・事後で測定したものの（つまり参加者内要因ではあるも
の），事前・事後で名前を記入してもらうことを忘れたり，事前・事後の対応が分かるよ
うに番号をふっておくことを忘れたりで，事前・事後の対応がとれなくなってしまうケー
スはあります。

2.3　実験における統制

　これまで，無作為という語をきちんとした説明なしに用いてきました。**無
作為配置**というのは，研究参加者を，設定した各群（各条件）に偶然に任せ
て割り当てる，ということです（**無作為割り当て**，あるいは**無作為配分**とも
言います）。研究参加者を2群に無作為配置するということは，すべての研

究参加者にとっていずれの群に割り当てられるかの確率が等しい，完全に運任せ，ということですが，「厳密に無作為」というのはなかなか困難なことです。統計学の本の巻末などによく記載されている乱数表なども，疑似乱数と言って，厳密な無作為ではなく，無作為に見えるように計算されて出てきたものです。もちろん，実際には，乱数表を用いて研究参加者を 2 群に分けたり（奇数は実験群，偶数は統制群など），よく切ったトランプを用いて同様のことをしたり，といった手法で問題はないでしょう。

　無作為配置についての理解を深めるために，無作為配置でない例について考えてみましょう。たとえば，図 2.3 の実験例で，研究者に実験参加を表明してきた研究参加者の前半半分を実験群に，後半半分の人を統制群に割り当てたとしましょう。最初のほうに参加を表明してくる研究参加者は，実験に対するやる気が高いことが想定されますから，実験群，統制群との間で，実験に対する姿勢について，実験開始前にしてすでに差異が生じてしまっていることになります（実験群のやる気＞統制群のやる気）。この場合，2 群に無作為に割り当てていることになりません。仮にこのまま実験を進め，実験群と統制群との間に研究者の希望する方向での差が見られたとしても，それはもともと両群間にやる気に差があったからではないか，と批判の余地ができてしまいます。

　こうしたことを防ぐために無作為配置を行います。無作為配置をする，つまり，研究参加者として選ばれた人を各群にランダムに割り振ることで，研究参加者の特性に関する交絡（後述します）を未然に防ぎ，取得したデータを統計的手法にかけられるようにするためです（無作為配置を行うことで，確率的な観点に基づく統計的分析にかけられるようになります）。

　無作為配置を行った結果，各群間で，何らかの特性が偏ることがあります。それは無作為配置の結果なのでやむを得ないわけですが，事前に何らかの変数が影響することが先行研究などから分かっていれば，それを考慮して実験の精度を高めることができます。図 2.3 の実験例において，記憶力についてマッチングを行うことなどはそれに当たります。このように，独立変数と従

属変数の間の因果関係を検討しようとする際，それを撹乱する可能性のある変数を**剰余変数**と言います（**交絡変数**，あるいは**干渉変数**とも言います。なお，厳密には交絡変数とは剰余変数の中でも独立変数と相関するものです）。たとえば，もしマッチングを行わずに実験を遂行し，結果，実験群のほうの英単語成績が高くなったとしても，「それはもともと実験群の記憶力が高かったからではないか」と言われてしまうかもしれません。立つか座るか，というかんじんな実験操作と，記憶力が絡み合って分離できず，群間差の原因が特定できなくなっているのです。こうした状態を**交絡**と言います。本当は，「立つか座るか」ということの純粋な効果をみたいのに，記憶力が絡み合ってしまっていて両者を分離できないということになります。これは実験においては望ましくないことです。これを防ぐためには，先行研究などから剰余変数になりそうな候補となる変数をリストアップし，優先順位の高いものについては，事前にそれを考慮したマッチングなどをすることが望まれます。

　交絡の別の例をみてみましょう。独立変数を操作する際，別の何かも変わってしまっているというケースで，こちらのほうがむしろ交絡の典型と言えるかもしれません。たとえば，教師の言葉が生徒のやる気に及ぼす影響についての研究を考えてみましょう。生徒の作文について，優しく言葉かけをする条件と厳しく言葉かけをする条件を設定し，この要因を対応なしとします。研究参加者に提示する言葉としては**表2.9**のものを考え，研究参加者は，言葉の印象について評定します。このとき，「とてもよく書けていて，読んでいて楽しかったです」について評定する条件の平均値と，「もっとよく書けるはずです」について評定する条件の平均値との間に差があったとしても，それは，言葉が優しいか厳しいか，という要因のせいだとは言えません。なぜなら，両条件の言葉を比べると，文の長さも違ってしまっているからです。「言葉の優しさ」という本来検討したい要因に，「文の長さ」という別の要素が絡み合ってしまっていて，両者の効果を分離できない状態にあります。これが交絡です。本当は，言葉の優しさ→やる気，という因果関係を検証したかったのに，意に反して文の長さまで変化させてしまったため，言葉の優し

表 2.9 交 絡 の 例

【文の長さが交絡】

優しい条件	「とてもよく書けていて，読んでいて楽しかったです」	文の長さに関して優しい条件＞厳しい条件
厳しい条件	「もっとよく書けるはずです」	

【文の長さを統制】

優しい条件	「とてもよく書けていますね」	両条件で文の長さが同じ
厳しい条件	「もっとよく書けるはずです」	

さの操作に失敗したというわけです。この例は，あまりに「あからさま」なケースですが，実際の研究においては，研究者が自覚できない形で「密かに」別の要素も変わってしまっているということがありますので，注意が必要です。

　では，この研究例の場合，どのような言葉にすればよいかというと，単純に条件間で文の長さを等しくします。**表 2.9** 下部に書いたように，優しい条件を「とてもよく書けていますね」，厳しい条件を「もっとよく書けるはずです」というようにするわけです。このように，検討したいもの（この場合，言葉の優しさ）以外を同じにすることを**一定化**（恒常化）と言います。変数の統制の一手法です。他の例を挙げましょう。たとえば，先の英単語の実験例であれば，実際に記憶力テストをして，同程度の記憶力を有する研究参加者だけをピックアップして実験に参加してもらうような場合も一定化です。「いろいろな記憶力の人がいて，それが実験結果に影響するから，いっそのこと全員同程度の記憶力に固定してしまおう」という発想ですが，この場合，「そこ」だけに限定されてしまうという問題点，および研究参加者の人数確保が困難になってしまうという問題点が出てきます。しかしながら，実験者を常に同一人物にするなど実験状況を一定にするといった一定化は普通に行われています（**直接的コントロール**とも言われます）。**表 2.9** の例で「文の

長さを同じにする」のも一定化です。操作に関わる部分以外のところは同じにする，ということです。同じでなければ，その同じでないところが結果に影響したのでは，と言われてしまいます。

　一定化も，そしてマッチングも交絡を防ぐ方法の一つです。マッチングはバランス化と呼ばれる作業の一つです。**バランス化**とは，文字通り群間でバランスをとることです。たとえば心理学科など女性が相対的に多い傾向のある大学で研究参加者を募集しますと，集まった研究参加者 50 人の内訳が，男性 10 人，女性 40 人と，男女比に偏りが出てしまうことがあります。この 50 人をこのまま 2 群に無作為配置してしまうと，片方の群に男性がほとんどいなくなることもあり得ます。これを防ぐために，実験群（男性 5 人，女性 20 人），統制群（男性 5 人，女性 20 人）のように，無作為配置を行うことがあります。このようなバランス化はしばしば行われます。バランス化とは，「群間で○○をそろえる」という作業ですが，マッチングも，この「群間で○○をそろえる」という作業をしていることになります。

　「研究参加者 2 人のブロックを作って，無作為配置をして……」というマッチングを突き詰めていくと，「それでは，1 人の人がすべての条件を経験すればよいのでは」という考えに行き着きます。これが，上述した「対応あり」「参加者内」ということになります。1 人の人がすべての条件を経験すれば，ある特定の条件に，ある個人特性を持った人が偏るといったことはなくなるわけです。このように，要因を参加者内にすれば，それによって個人特性を統制していることになりますが，実験上，すべての条件を経験できないことも多々あります。たとえば，気分変容の実験（**図 2.4**）で，「褒められる」場合と「中立的なことを言われる」場合，両方を経験したとしたら，「この研究は褒めの効果について検討している」ということが研究参加者にばれてしまいます。条件間で対比されてしまう，実験が長くなりすぎてしまう，などさまざまな理由で，実際には参加者内要因として設定できないことは多いです（実験において要因を参加者内にする頻度は，心理学の分野，研究テーマなどによって変わってきます）。通常「変数の統制」と言った場合

には，この「参加者内要因」は含まれないこともありますが，参加者内要因にすることは（統制しているという意識は持たれないものの）変数を統制していることになります。

以上に説明した（剰余）変数の統制方法について，表2.10 にリストアップしておきました。なお，表中に「バランス化」「カウンターバランス」という語があり，これらは「バランス」という語を共有している点で似ていますが，上述の通り内容的に異なります。

表2.10　変数の統制方法

語	簡単な説明	実行困難度
無作為化（無作為配置）	各群に無作為に割り当てる	容易
無作為化（順序の無作為化）	実施順序を無作為にする	容易
バランス化（マッチング以外）	群間で割合などをそろえる	容易
マッチング	似た組を作り各群に割り当てる	困難
一定化	検討したいもの以外を固定する	容易
参加者内要因	各参加者に全条件を実施する	容易
カウンターバランス	実施順序などを系統的に変化させる	容易

実際の研究で，これら変数の統制方法の実行はどの程度困難なのでしょうか。表2.10 には，各手法の実行困難度についても記しておきました。実際の心理学研究をみてみますと，これらの多くは実行されているのですが，その中でマッチングは実際には実行困難です。と言いますのも，英単語の実験の例で言えば，記憶力というようなある特性の高さが（ほぼ）等しい人の組を作ること自体がまず困難です。記憶力を果たして的確に測定できるのかというそもそもの問題もあります。加えて，仮に組ができたとしても，英語力など他にも統制すべき変数はいろいろありますので，もうきりがなくなってしまいます（1つ統制できればそれで十分とみなせるケースもあります）。そこで，無作為配置を行うことで，諸般の問題を一挙に解決するというところに行き着くわけです。無作為配置の結果，群間で何らかの特性が顕著に異なることはあるものの，それは無作為配置の結果です。無作為という偶然の

力を利用して，偶然ではない（つまり必然の）交絡を防ぐわけです。記憶力
だけでなく人間には無限の特性がありますが，それらを一挙に統制している
ことになります。なお，表2.10の一定化は見方を変えればマッチング以上
に困難とも言えます。検討したいもの以外「すべて」が固定される保証はな
いからです。さらに，表2.10には参加者内要因についても記載しました。
参加者内要因の設定はしばしば行われますが，参加者内にしても差し支えな
い要因であれば参加者内要因にして統制を加える，差し支えある場合には参
加者間要因にする，ということになります。

　さて，上記では無作為配置という語が頻繁に出てきました。「無作為」と
いう言葉に続く語としては「抽出」のほうがよく知られているでしょう。心
理学実験では，「無作為」と言えば「無作為配置」のほうで，これは無作為
抽出とは別物です。無作為抽出について，本書は統計の本ではないので詳細
は説明しませんが，さまざまな統計的手法の適用の条件として，母集団から
の無作為抽出ということがあります。しかしながら，3章で説明するような
心理学における多くの調査研究では，母集団からの無作為抽出なしに統計的
手法を適用しているという問題があります。この点については，多くの研究
者は気づいてはいるもののそこには蓋をして，得られたデータを統計的手法
にかけていると思います。しかし，心理学の実験においては，母集団からの

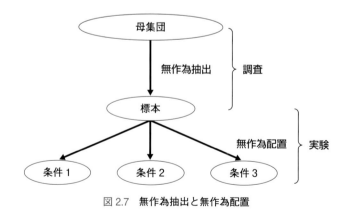

図2.7　無作為抽出と無作為配置

無作為抽出でなくても，無作為配置がなされていれば，統計的な推論が可能になるのです。ですから，実験では，無作為抽出を行った上で無作為配置を行うことは滅多にありません。調査では無作為抽出が，実験では無作為配置が前提とされることが多いということです（図2.7）。

実験では無作為配置（あるいは順序の無作為化）が重要です。となりますと，無作為配置さえしておけば，という気になってしまいますが，無作為配置に安住するだけではいけない，という吉田（2002）の主張は参考になります。また，無作為配置については，高野（2000）において，その有効性などについて説得的に述べられていますので，こちらも参考になります。

2.4 実験実施上の留意点

以上，実験における統制について述べましたが，剰余変数への対応に加えて，実験実施上のさまざまな留意点のうちまだ説明していない点について，述べたいと思います。

研究参加者，そして実験者の特性について，どのような点に留意する必要があるでしょうか。まず，研究参加者のやる気（動機づけ）という点はしばしば重要な問題になります。研究者としては，研究参加者にやる気が（適度に）高くあってほしいと願うわけですが，必ずしもそううまくいくわけではありません。前置きの説明が長すぎたり，実験が複雑すぎたりしますと，やる気は低下してしまうでしょう。何らかの教示を行う場合，やる気満々の研究参加者と，あまりやる気のない研究参加者とでは，教示に忠実に従う程度が異なるでしょう。実験に際して，やる気を高めるのはなかなか難しい面もあるのですが，少なくともやる気を低めない工夫をする必要があります。基本は，簡潔な実験事態を構成すること，実験者の側でていねいな姿勢を心がけることだと思います。

その実験者側の要因も，実験では重要になってきます。たとえば，図2.4で「異性の実験者から褒められる」という例を挙げましたが，どのような容

姿の異性実験者に褒められるのか，ということがいかにも影響しそうです。このように実験者の身体的特徴も実験に影響しますが，内的状態に随伴した実験者の行動も影響します。よく知られているのは実験者効果です。**実験者効果**とは，支持されてほしいと実験者自身が考えている仮説が支持される方向に，実験者が実験中振る舞ってしまい，その振る舞いが結果に影響してしまうことです（この説明は厳密には**実験者の期待効果**ですが，実験者効果の代表的なものなので，実験者効果と同等とみなされることも多いです）。これを防ぐためには，研究者と実験者を同一人物にするのではなく，実験者を別途雇い，その人に仮説を伝えないという方法があります。また，研究参加者自身，自分がどの条件に割り当てられているか知らないようにすることを**盲検法**，研究参加者に加え実験者のほうでも知らないようにすることを**二重盲検法**と言います。いずれも，「知っていること」が結果に影響することを防ぐためのものです。関連して，要求特性の効果が知られています。**要求特性**とは，研究参加者に「研究参加者はこう振る舞うことが期待されている」ということが伝わってしまうような，実験に潜むさまざまな特性（実験仮説などを示唆するような手がかり）のことを指しますが，これを敏感に察知した研究参加者の振る舞いが，結果に影響してしまうことがあるのです。要求特性への対処法としては，盲検法に加えて，ディセプションが用いられることがあります。**ディセプション**とは，研究参加者にうその（表向きの）実験目的を説明することですが（うその実験目的のことを**カバー・ストーリー**と言います），研究参加者をだますことになるわけですから，倫理的問題をはらむことになります。少なくとも，実験後に「種明かし」として真の実験目的を告げ謝罪すること（これを**ディブリーフィング**と言います）は最低限必要です。研究参加者が実験中にどのようなことを察知したのか，という点については，実験後に個別面接をして直接口頭で尋ねることで知ることができます。このように，実験後の面接において研究参加者から得られる，実験中に考えたこと，気づいたことなどの報告を**内省報告**と言います。内省報告には，研究者のほうで気づかなかった重要な手がかりが含まれていることがあ

るので，予備実験，本実験ともに得る必要があります。なお，内省報告とは本来もっと広い意味で，たとえば質問紙尺度なども内省報告ですが，ここでは実験後の面接という内省報告の一部分について述べています。

　実験の倫理的側面についてですが，実験後に面接をしてディブリーフィングを実施することに加え，実験参加に先立ち，必要に応じてインフォームド・コンセントをとっておくこともまた重要なことです（4章，5章参照）。

2.5 実験の内的妥当性・外的妥当性

　先に，実験における統制について述べましたが，なぜ統制をするのかと言えば，因果関係の立証を確かなものにするためです。ここで，因果関係が確かにそこにあると言えるかどうか，という概念が登場します。これを**内的妥当性**と言います。内的妥当性が高いということは，その実験において確かに因果関係があるということを強く主張できるということです。もし交絡の可能性などの問題が指摘できるとすれば，その実験は内的妥当性が低いということになります。内的妥当性とは他の解釈を排除できる程度です。実験は，因果関係を検証することを目的とするわけですから，内的妥当性は実験の生命線となる概念と言えます。

　内的妥当性が低い実験例として，無作為配置をしていない研究を想定してみます。たとえば，香りが作業効率に及ぼす実験を行い，香りという要因にミントと無臭の2水準があったとします。ここで，本来やるべき無作為配置を行わず，研究参加者に好きな条件を選んでもらって作業を行わせたとすると，香りの好みという問題が絡んできてしまい，因果関係の検討に批判の余地ができてしまいます。この，「批判の余地がある」「疑義を挟むことができてしまう」ということが，内的妥当性が低いということです。このように，内的妥当性を低める原因のことを，**内的妥当性への脅威**と言います。内的妥当性への脅威にはどのようなものがあるでしょうか。よく知られたクックとキャンベル（1979）の説明を，**表 2.11** にまとめておきました。

表2.11　内的妥当性への脅威（Cook & Campbell, 1979より作成）

脅　　威	説　　明
履歴の脅威	事前・事後の間に起こった何らかの出来事（＝履歴）が影響してしまうこと。
成熟の脅威	事前～事後と時間が経ったことにより，何らかの特性が自然に変化（＝成熟）してしまうこと。
測定の脅威	研究参加者が，複数回測定されることで，測定に慣れてしまうこと。
測度使用の脅威	測定者が複数回の測定で熟練するなど，測度が変化してしまうこと。
統計的回帰の脅威	事前の測定で高得点の研究参加者は事後の測定においては低めの得点になり，事前の測定で低得点の研究参加者は事後の測定においては高めの得点になる傾向にある（＝回帰）という統計的な現象。
選択の脅威	実験群としてどのような研究参加者が選択されたのかが，結果に響いてしまうこと。
脱落の脅威	どのような研究参加者が実験途中で脱落してしまうのかが，結果に響いてしまうこと。
選択との交互作用の脅威	群間で，成熟の早さが異なってしまうこと（この場合，選択と成熟との交互作用）。
因果方向の曖昧性の脅威	AがBを引き起こしたのか，BがAを引き起こしたのか，曖昧になってしまうこと。
処遇の漏洩や模倣の脅威	ある群がどのような処遇を受けたのかが別の群に漏れてしまったり，それが模倣されたりしてしまうこと。
処遇の補償的均一化の脅威	望ましい処遇を受ける実験群と，統制群がある場合，研究実施者のほうでその不平等さに我慢ができなくなってしまうこと。
望ましくない処遇を受ける研究参加者の補償的ライバル意識の脅威	研究参加者が望ましくない処遇を受けていることを知り，ライバル意識を発揮し頑張ってしまうこと。
望ましくない処遇を受ける研究参加者の憤慨的戦意喪失の脅威	研究参加者が望ましくない処遇を受けていることを知り，憤慨して，やる気を低下させること。

　表2.11のように，クックとキャンベルは内的妥当性への脅威としてさまざまな点を挙げています。実験の立案の際には，これらの脅威を一種のチェックリストとして使用することができますが，脅威の多くは，無作為配置を行うことで防ぐことができます。たとえば，「選択の脅威」のように，ある特定の集団がある実験条件として選択され処遇を経験するというようなことは，無作為配置をすることで防ぐことができるわけです。ここでもあらため

て無作為配置が重要であることが分かります。

　以上，内的妥当性について述べてきましたが，実験にはもう一つ重要な概念があります。**外的妥当性**です。内的妥当性とは，そのデータの中において，因果関係が確かにそこにあるかどうかという観点でしたが，外的妥当性とは，そのデータを越えての話です。つまり，その実験で認められた因果関係がどの程度一般化できるのか，という一般化可能性のことです（**図 2.8**）。たとえば，教師・生徒場面における言葉かけの研究結果が，友人場面にも一般化できるのかとか，大学生で認められた因果関係が，中学生にも一般化できるのか，といったことです。

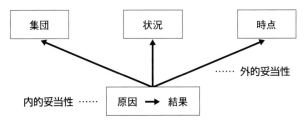

図 2.8　**内的妥当性と外的妥当性**

　ここでも，クックとキャンベルをもとに，**外的妥当性への脅威**について紹介していきましょう。クックとキャンベル（1979）の外的妥当性への脅威について，**表 2.12** にまとめておきました。なお，表中の「履歴と処遇の交互作用」の「履歴」ですが，内的妥当性における「履歴」は「出来事」の意味だったのですが，ここではより広く「時間」を指しています。

表 2.12　**外的妥当性への脅威**（Cook & Campbell，1979 より作成）

脅　　威	説　　明
選択と処遇の交互作用	ある研究で見出された因果関係は，その研究において選択された研究参加者を越えて，さまざまな集団に一般化できるか。
状況と処遇の交互作用	ある研究で見出された因果関係は，その研究において選択された実験状況を越えて，さまざまな状況に一般化できるか。
履歴と処遇の交互作用	ある研究で見出された因果関係は，その研究が実施された時点を越えて，さまざまな時点に一般化できるか。

　研究結果が，他にも一般化できることを望むのは自然なことですが，外的妥当性はこの点に関連する概念です。しかし，一般化する際の基礎になるのは，何と言っても，その研究で確かに因果関係が見出されたと言えるのかどうかということ，つまり内的妥当性です。内的妥当性がしっかりしていなければ，一般化も何もないのです。したがって，以上，実験の内的妥当性・外的妥当性について説明したわけですが，まず重要になってくるのは内的妥当性ということになります。内的妥当性を最大限高めるような実験計画をすることが，実験の基本ということです。

2.6　仮説・構成概念

　本章の最後に，仮説，およびそれに関連して構成概念について説明します。通常は最初に説明する内容ではありますが，次の3章との接続のため，あえて本章の最後に置きました。

　実験では因果関係について検討します。因果関係は通常，仮説という形で表現されます。たとえば図2.3の例で言えば「英単語を覚える場合には，座りながらよりも立ちながらのほうが，成績がよりアップする」という仮説は，「体勢」→「成績」という因果関係について検討するもの，つまり因果仮説です。因果関係の検討は基本的には実験にしかできない，つまり実験の最大の武器は因果関係の検討ということになります。

　そこで問題となるのはそもそもの点，つまり仮説の導出方法です。仮説はどのように導かれるのでしょうか。大きく分ければ，理論（論拠）から導かれるもの，先行研究の結果（根拠，データ）から導かれるもの，日常的な経験から導かれるもの，の3つがあると思います。しかし，この3つからまず導かれるものは，素朴な形での問題設定です。「英単語の記憶には体勢が関係するのではないだろうか」といったものです。こうした研究遂行上の問題設定のことをリサーチ・クエスチョンと言う場合もありますが，こうした問いを，仮説という形で定式化するのです（研究によってはリサーチ・クエス

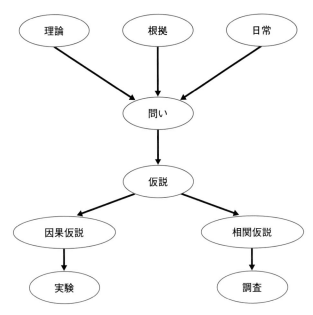

図 2.9 仮説の導出とその検証

チョンと仮説の別がなく，最初から仮説ということもあります）。定式化す
るということは，つまり研究で検討できる形にする，この場合であれば「英
単語は，立って覚えるほうが座って覚えるより，よく覚えることができる」
に相当します。「体勢が効果を及ぼすのではないだろうか」という問いに照
らして考えると，仮説とは「立って覚えるほうがよいのでは」という，問い
に関してのひとまずの解答，ということになるでしょう。この解答の是非に
ついて，実験で白黒つけるのです。以上の流れを図 2.9 に示しておきました。
仮説には，3 章で説明する相関関係に関する仮説（相関仮説）もありますが，
相関仮説の検討には一般的に調査を用います（3 章では，因果関係，相関関
係，共変関係について説明します）。

　仮説を構築する際には，ある概念を実験のまな板にどのように載せるかと
いう大きな問題が発生します。たとえば，「劣等感を感じると攻撃的になる」
という仮説であれば，どのように劣等感を操作したらよいのか，どのように

攻撃的な程度を測定したらよいのかという問題です。

　仮説とは,「論理の世界」です。「仮の世界」と言い換えてもよいでしょう。一方,実験することは,たとえば「劣等感」を操作するために,研究参加者にある課題を遂行してもらい,課題遂行後「あなたは他の研究参加者に比べてかなり劣っていました」というフィードバックをして劣等感を喚起させる群（この操作の是非についてはおいておきます）,そうしたフィードバックを与えない群（統制群）を設定する,といったことです。「実際の研究でこれこれのことを行った」という「現実の世界」のことです。「経験の世界」と言い換えてもよいでしょう。

　研究では,この2つの世界のつながりを説得的に述べます。操作の仕方は複数あります。劣等感であれば,上記のようにフィードバックを用いる方法の他にも,「研究参加者が,実験の最中,他の研究参加者（実際にはサクラ）がすいすいと課題を遂行するのを見るような状況に置く」というように,いろいろな操作方法があるでしょう。そうしたさまざまな方法の中から,実際の遂行可能性,倫理的側面などを考慮しながら,「論理の世界」と「現実の世界」との結びつきが強いと思われるものを選択することになります。「その操作では劣等感を喚起していることにはならないのでは」とか「その操作では劣等感以外も喚起してしまっているのでは」と疑義がくるような操作をしたのであれば,「論理の世界」と「現実の世界」のつながりが希薄ということになり,研究の質が悪くなってしまいます。研究者が検討したいと思っていること（論理の世界）と,実際に検討していること（現実の世界）がずれていることになるからです。検討しているつもりになっているにすぎないという,研究の致命的問題です。

　心理学が相手にするのは,そのほとんどが直接観察できない心的特性です。これを**構成概念**と言います（厳密には心理的構成概念あるいは心理学的構成概念）。劣等感も攻撃性も構成概念です。研究では,「劣等感をこう定義する」という**概念的定義**を行い,そして「劣等感はこういう操作をすることで引き起こす」というように**操作的定義**をするのです。このように,抽象的な

論理の世界（抽象的）……　劣等感の概念的定義

↓ ↑

現実の世界（具体的）……　劣等感の操作的定義

図 2.10　構成概念の概念的定義・操作的定義

論理の世界と具体的な現実の世界という 2 つの世界をつきあわせるのが量的な心理学研究の特徴です。以上のことについて，図 2.10 に示しました。2 つの世界のつきあわせそのものが操作的定義とも言えるので，「劣等感の操作的定義」は図中の上下の矢印も含んでいると考えたほうがよいでしょう。

　こうした 2 つの世界の関係についての検討は，3 章で述べる質問紙調査でも同様です。具体的には 3 章で説明しますが，劣等感を，質問紙調査で心理尺度という形で測定する場合，劣等感という「論理の世界」と，心理尺度への回答という「現実の世界」とのつながりをみていることになります。

　以上，実験について説明してきました。本章の内容について，村井（2008）では別の形で説明してありますので，あわせて参照していただければと思います。

参 考 図 書

安藤 清志・村田 光二・沼崎 誠（編）（2009）．新版 社会心理学研究入門　東京大学出版会

　実験の概念的説明に加え，実際の実験遂行上の留意点についての記述も充実しています。

南風原 朝和・市川 伸一・下山 晴彦（編）（2001）．心理学研究法入門——調査・実験から実践まで——　東京大学出版会

　実験に関する事項がコンパクトに盛り込まれており，準実験についての記述も充実しています。

南風原 朝和・市川 伸一・下山 晴彦（2003）．心理学研究法　放送大学教育振興会

　実験の基礎的解説に加え，それに関連する統計解析の説明も分かりやすいです。

村田 光二・山田 一成・佐久間 勲（編著）（2007）．社会心理学研究法　福村出版

　具体的な研究例が豊富で，とりわけ質問紙実験についての解説が充実しています。

キーワード

実験群　統制群　コントロール群　因果関係　独立変数　従属変数　1群事前事後テストデザイン　準実験　不等価2群事前事後テストデザイン　偽（擬）実験　対照群　生態学的妥当性　操作　無作為化　処遇　教示　予備実験　本実験　実験シナリオ　操作チェック　完全無作為化2要因デザイン　2要因デザイン　要因水準　セル　対応のない要因　対応のある要因　2要因混合デザイン　反復測定対応のある2要因デザイン　順序効果　カウンターバランス　練習効果　疲労効果　セル平均　完全無作為化1要因デザイン　対応のある1要因デザイン　交互作用効果　参加者内要因　参加者間要因　ブロック　ブロック化　マッチング　無作為配置　無作為割り当て　無作為配分　剰余変数　交絡変数　干渉変数　交絡　一定化　直接的コントロール　バランス化　実験者効果　実験者の期待効果　盲検法　二重盲検法　要求特性　カバー・ストーリー　ディブリーフィング　内省報告　内的妥当性　内的妥当性への脅威　外的妥当性　外的妥当性への脅威　リサーチ・クエスチョン　構成概念　概念的定義　操作的定義

質問紙調査法
——量的調査研究

3 章

3.1　質問紙調査法の位置づけ

　心理学では，さまざまな調査が用いられます。質問紙を用いた調査（本章），観察法を用いた調査（4章），面接法を用いた調査（5章），などです。2章では実験について説明しましたが，実験室実験だけでなく，質問紙を用いた実験，すなわち**質問紙実験**もあります。単に「質問紙法」と呼ぶと，質問紙を用いた調査なのか実験なのか，厳密に言えば不明瞭です（実際には，「質問紙法」と言えば「質問紙調査法」を指すことが一般的ですが）。このように，質問紙法に実験・調査があるわけですが，同様のことは，4章の観察法についても言えます。実験的観察法・自然観察法があるからです（4章参照）。5章の面接法については，「調査面接」という語はありますが，「実験面接」という語は聞きませんので，面接には実験というものは考えにくいです。ですが，面接形式をとった実験というものはあるでしょう。この場合は，面接法という枠組みではなく，あくまで実験法として把握することが一般的です。以上を図3.1に整理しておきました。1章では，調査研究として3つ，すなわち質問紙調査法，観察法，面接法を挙げましたが，質問紙法，観察法には，各々測定の際に実験が用いられる場合があります。本章では，この中で，質問紙を用いた調査法について説明します。

図 3.1　質問紙法・観察法・面接法

3.2　さまざまな関係

　2章で説明した実験と，本章で説明する調査のもっとも大きな違いは，実験では因果関係を検討するのに対して，調査では相関関係を検討する，という点にあります。心理学では，何かと何かの関係を検討することが多いです。この点は実験も調査もそうなのですが，その「関係」には，大きく分けて因果関係と相関関係があります。そこでまず「関係」について考えてみましょう。

　2章の話になりますが，実験では，なぜ因果関係を立証しようとするのでしょうか。それは一つには，原因が分かれば結果をコントロールできる，つまり人の心や行動を望ましい方向に操作することができるからです。「心や行動を操作」というと聞こえは悪いかもしれませんが，たとえば，ある種の攻撃的要素の強いゲームをした場合に，子どもの側に好ましくない攻撃行動が誘発されるという結果が得られたのであれば，そうした種類の攻撃的ゲームは子どもにはやらせないようにしようということになり，人の心によい面があります。こうした因果関係の立証は，科学が依拠する大事な側面で，社会的責任が重いです。もちろん，他の研究法も責任は重いのですが，とりわけ因果関係については，何かを引き起こすかどうか，という点が関わってく

る点に特徴があります。

　一方，A → B という因果のメカニズムがない関係が，**相関関係**です。A が B を引き起こしているのかもしれないし，逆に B が A を引き起こしているのかもしれない，メカニズムは分からないものの，A の得点が大きい人ほど B の得点が大きくなる傾向にある，といった集団全体での現象です。たとえば，ある一時点の調査で，小学生の集団に対して，普段どの程度攻撃的要素の強いゲームをしているか，普段どの程度攻撃行動に出ているか，その両者について質問紙で回答してもらったとしましょう（これ自体，回答困難ではありますが，その点についてはここでは問わないでおきます）。そこで得られたデータについて両者の関連を検討した場合，ここで検討しているのは相関関係です。仮に，「普段攻撃的要素の強いゲームをしている人ほど，攻撃行動に出る傾向が強い人である傾向がある」という相関関係が分かったとしても，そこから「攻撃的要素の強いゲームをすると，攻撃行動が誘発される」とまでは言えないです。このように，調査で認められた相関関係からは，因果関係については不明です。因果関係は実験を通して検討するものです。調査をもとに見出された相関関係を根拠に，そこに因果関係があると述べることはできません。もちろん，実験であれば因果関係が明らかにできるという単純な話ではありませんが（2 章）。

　因果関係，相関関係の他に**共変関係**を考えることができます。共変関係と相関関係は同じ意味で用いられることもありますが，厳密には区別すべきものです。南風原（2003）には，「相関仮説は集団を前提として，その中で，一方の変数における個人差と他方の変数における個人差がどのように対応しているかを問題にするのに対し，共変仮説は，一人ひとりの個人に対して適用できるもの」とあります。共変関係の例を挙げましょう。たとえば，「寂しくなるとメールを送信したくなる」ということを立証したいのであれば，ある個人に，1 日何回か，それを 1 週間なり続けて測定するわけですが，その時点その時点で「寂しさ」と「メール送信欲求」（ここだけの造語です）を質問紙などで回答してもらいます。それらの回答結果をもとに，「寂しさ」

と「メール送信欲求」の関係を，個人ごとにみていきます（このような関係性を表す相関のことを，**個人内相関**と言います）。

　もしこれを，ある一時点での調査で集団を相手に，つまり複数の研究参加者たちを相手に，そのときの「寂しさ」と「メール送信欲求」を回答してもらって，その両者の関係をみたのであれば，相関関係を検討していることになります（このような関係性を表す相関のことを，**個人間相関**と言います）。そうではなく，共変関係とは，1人の個人の中での両変数の関係性ですから，共変関係について調べることは，個人個人を大切にするアプローチと言えます。なお，ここでは「個人内の共変関係」という意味で「共変関係」という語を用いています。以上の相関関係，共変関係，因果関係について図示しておきます（図3.2）。図中の「↔」は矢羽根が両端に付いていますが，双方向因果の意味ではありません。

図3.2　相関関係・共変関係・因果関係

　調査で検討できる主な関係は，相関関係と共変関係ですが，質問紙調査を用いた多くの研究で検討されているのは，実際には相関関係が多いと思われます。しかし，あたかも共変関係について検討しているように述べているものも見受けられます。「寂しさ」と「メール送信欲求」の関係であれば，研究参加者たち全体に対して，その調査を実施した時点での「寂しさ」と「メール送信欲求」という2変数について測定し，両者の相関係数をみたとします。これは個人間相関です。相関関係ということですので，ある個人の中での「寂しくなるとメールを送信したくなる」という共変関係をみたものでは

ありません。しかしながら，個人間相関をもとに，共変関係について述べてしまうという勇み足の記述が見られることがあります。これについては，心理学研究に携わる多くの人の興味・関心が，基本的には集団よりも個人内にあり，本来的にはそれを立証したいという思いが，無意識にそう書かせている面もあると思います。ともあれ，その調査で相関関係について検討しているのか，共変関係について検討しているのか，意識的になることは必要なことです。一方で，調査では因果関係については検討できない，ということについてはよく知られています。なお，相関関係から共変関係について絶対に言うことができないと主張することも，また勇み足な側面があります。村山（2012）は，交絡（2章参照）の観点から，個人間相関をもとに，個人内相関についてある程度推論することが可能であることを述べています。

　さて，調査で共変関係について検討するとなると，上記の例のように，「寂しさ」と「メール送信欲求」について，1日何回か，それを一定期間続けて測定しなくてはいけなくなるというように，当然，研究参加者に負荷をかけることになります。このあたりは，調査の倫理に関わる重要なことですが，ある程度の負担は（それは研究者にとっても，ですが），有意味なデータを得るために必須という面はあると思います。吉田（2002）は，研究参加者への負担について述べつつ「労を惜しまずに，一人ひとりの人間について，ていねいに吟味しよう」と述べています。研究参加者に大きな負担をかけてデータを収集し，その負担に報いるためにも，そしてもちろん心理学的に価値ある知見を導出するためにも，研究者は得られたデータをていねいに吟味する，つまり，研究参加者を，さながら共同研究者として位置づけるような研究態度が重要と言えるでしょう。

　上記の「一定期間の測定」を拡張すると，縦断調査に行き着きます。**縦断調査**とは，同じ人たちについて，たとえば，中学1年，高校1年，大学1年，の3時点において質問紙への回答を求めるというように，一定期間追跡して調査を続けることです。一方，**横断調査**とは，ある一時点において，中学1年，高校1年，大学1年の研究参加者に質問紙を実施し，学年間の比較をす

る，といったことです。横断調査は，基本的には1回きりの調査で完了しますが（つまり，研究実施の負荷としては低いですが），そこでは相関関係についてしか言及できないでしょう。一方，縦断調査であれば，研究実施の負荷は大きいものの，個人内の変化，つまり共変関係について言及できます（因果関係については，基本的には言及できません）。このように，研究の労力とデータの有意味性は，しばしばトレードオフの関係にあります。手間暇を惜しまない研究態度で，有意義なデータを得られる可能性を高めたいものです。

　以上，相関関係，共変関係，因果関係という3つの関係についてみました。そうした関係性は，実際の研究においては，変数と変数との関係性として表れます。そこで次に，変数の種別から「関係」についてみてみたいと思います。

　変数には量的変数と質的変数とがあります。**量的変数**とは，身長・体重，孤独感の程度など，量の大小が問題になる変数であり，**質的変数**とは，性別，所属する大学など，分類する変数のことです。変数と変数の関係と言った場合，**表3.1**の通り，変数の種別から3種類の関係が考えられます。調査では，**表3.1**のすべての関係について検討できます。一方，**表3.1**の「質的変数と量的変数の関係」については，とくに実験法との関係が強いです。たとえば，実験条件によって作業量が違うかどうかという検討であれば，実験条件という質的変数と，作業量という量的変数との間の関係（因果関係）をみていることになります。その質的変数の部分を実験的に操作しているのが実験ということです。なお，実験によっては，実験条件が量的変数のこともあり，ま

表3.1　さまざまな関係

関　　係	例
量的変数と量的変数の関係	孤独感と短気さ，身長と足の大きさ
質的変数と質的変数の関係	性別と喫煙習慣の有無，所属大学とアルバイト経験の有無
質的変数と量的変数の関係	性別とテスト得点，実験条件と遂行結果

た結果のほうの変数が質的変数のこともあります。一方，調査では，同じ
「質的変数と量的変数の関係」でも，性別とテスト得点の関係（相関関係）
をみるというように，変数は操作しません。

　変数それ自体には，相関関係なのか因果関係なのか，という情報はありま
せん。そのデータをどのように集めたのかという，データの収集状況によっ
て，変数間の関係性が規定されてきます。たとえば，「質的変数と量的変数
の関係」の例として，3つの群間で平均値を比較するのであれば，調査であ
っても実験であっても，統計解析上は**分散分析**という同一のものを用います
が，研究者が条件を操作して3群を設定し，その条件下においてある変数
（つまり従属変数）について測定したのであれば，実験データとして分散分
析を行い，因果関係について検討することになります。操作をせず，既存の
集団，たとえば3つの大学間で平均値を比較するのであれば，調査データと
して分散分析を行い，相関関係を検討することになります。

　以上，変数間の関係をみてきました。「関係」と言うからには，最低でも
2変数ないと「関係」という概念そのものが発生しないわけですが，心理学
研究では複数の変数を取り扱うことが非常に多いです。実験でも調査でも複
数の変数がありますが，一般には，調査のほうが実験よりも扱う変数が多い
です。「心理学では何かと何かの関係を検討することが多い」と上述しまし
たが，何か，というのは他ならぬ変数のことです。研究で変数を設定すると
いうことは，全研究参加者が，その変数の値がどの程度なのかという数値と
して変数の軸上に位置づけられることになるわけですから，個人は平均値を
算出する「一部」として，大勢の中に埋没してしまいます。そうした状況の
中で，心理学の大きな流れの一つとして，「変数中心」から「個人中心」へ
という変化があります（三宅・高橋，2009）。変数中心の心理学研究が多数
とは言え，そこに個人の視点を持つことは大切なことです。上述した共変関
係の検討は，変数を扱っているとは言え，個人を大切にする視点を有するも
のです。

心理調査と社会調査

　変数には量的変数と質的変数がありますが，そうした種別以外に，内容としての種別を考えることができます。たとえば，「寂しさ」と「メール送信欲求」は，いずれも心理的なものです。その他，原子力発電に賛成か反対か，という質問は，その人の態度という意味で心理的なものとみなせますが，「寂しさ」ほどには心理的なものではないかもしれません。このように，どの程度心理的かという点について程度の差はありますが，こうした変数をここでは**心理的変数**と呼びたいと思います（心理学では必ずしも一般的な呼称ではありません。主にマーケティングで使われる語です）。一方，その日に何通メールを送信したかという「メール送信数」は心理的というよりは，事実を問うものです。別の例を挙げれば，性別，所有している携帯電話の会社名，などは，心理的ではないです。性別，年齢，年収など研究参加者の基本的属性に関するものはとくに**デモグラフィック変数**と呼ばれます。

　デモグラフィック変数については，研究参加者は，自身の属性を「そのまま」記入すればよいわけです。もちろん，虚偽の回答をすることはあります（こうした回答は，できるだけ発生しないように工夫する必要があります）。心理的変数のように，「自分は果たして今どの程度寂しいだろうか」といった思考をめぐらす必要はありません。一方，心理的変数については回答が難しいです。研究参加者は，回答に際し，自分の寂しさを自分で推し量らないといけないからです。問われていることと自分の心との照合過程を踏む必要があるのです（この点については後述します）。一方の研究者の側では，「こう回答したら，寂しさが高いということである」と定義する必要があります（操作的定義。2章参照）。「寂しさ」というのは，直接観察できない概念（構成概念。2章参照）ですから，たとえば「あなたはどの程度寂しいですか」という質問項目について，「5　4　3　2　1」の5段階で尋ね，5が「非常にあてはまる」，1が「まったくあてはまらない」であり，大きな数字のほうに○をつけているとそれだけ寂しさが強いとみなす，というように考え

ます。こうした方法を評定法と言いますが，後にまた説明します。

　このように，操作的定義をきちんとかためる必要があるのが心理的変数の特徴ですが，デモグラフィック変数の場合も，その扱い方によっては操作的定義が問題になる場合があります。たとえば（経済的な）「豊かさ」について測定するために，年収を尋ねたとしましょう。年収そのものは，「いくら」という数値ですのでデモグラフィック変数ですが，それが大きければ大きいほど豊かな人であると操作的に定義することを考えてみます。「豊かさ」という構成概念の測定のため，年収という変数を利用しているということです。この場合，ある研究参加者は年収が著しく高額で，一般的には高い年収であってもその人自身の心に経済的な豊かさの感覚がないということもあるでしょうから，年収というデモグラフィック変数と，豊かさという構成概念が必ずしも対応しないという問題点があります。このように，心理が関係すると事態は難しくなります。2章で説明したように，操作的定義は実験でも行いますが，心理学では，得られたデータと構成概念との間には常に何らかの乖離がありますので，この点については留意すべきところです。

　心理学では，心理的変数を積極的に使用します。もちろん，デモグラフィック変数も使用しますが，メインは心理的変数と言って差し支えありません。心理的変数の重要性という点は，心理学系の調査（**心理調査**）と社会学系の調査（**社会調査**）の差異と言えるでしょう。さらに，心理調査では，心理尺度（後述）を頻繁に使用します。たとえば，江利川ら（2007）はテレビに関する研究で，このテーマ自体は社会学的側面が強いかもしれませんが，「テレビ親近感尺度」をメインに据えて分析をしています。「テレビ親近感尺度」は「テレビを見るのが大好きだ」などの4項目から成ります。もちろん，その他にデモグラフィック変数についても測定しています。

　しかし実際には，心理調査と社会調査の差異は必ずしもはっきりとしたものではありません。社会調査でも心理的側面について尋ねることはあります。ただ，あえて差異を際立たせる書き方をするならば，心理調査は，主に個人の内面に焦点を当てしばしば心理尺度を設ける，データ数は比較的小さいこ

とが多い，無作為抽出はあまり行われない，という特徴があります。一方，社会調査は，個人を対象にするものの基本的な興味・関心は集団にあり，分析は個人の内面に限らない，データ数は一般に大きく，無作為抽出がなされることが多い，という特徴があります。

　岩永（2001）では，社会調査を「一定の社会集団に生じる諸事象を定量的または定性的に認識するプロセス」と定義しています。また，社会調査が対象とする社会事象として，①人間にかかわる事象，②集団的行動（状態）にかかわる事象，③反復して出現する事象，の3つの要素を挙げています。心理調査では，①については当然あてはまるでしょう。②については，集団的行動のみならず，個人的行動をも対象とする，むしろ個人的行動のほうに重きが置かれているという違いがあります。③については，必ずしも反復されない事象であっても，つまり1回きりの事象であっても対象にします。その1回きりの事象が，当該の人においては1回きりであったとしても，他の人にも生起可能性があるという意味では，③はそのままあてはまるということもできます（異なる人の間での反復ということです）。

　また，廣瀬（2010）は，社会調査の特徴として，①集団の特性を知ることが目的であること，②現地調査によってデータを得ること，③データが処理・分析を前提にしていること，の3つのポイントを挙げています。この中の①について，「社会調査の直接の対象は一人ひとりの個人だが，あくまで知りたいのはその人たちが属する社会や集団のこと」と述べています。心理調査では，この志向性が異なります。基本的には一人ひとりに興味・関心があることが相対的には多いと思います。にも関わらず，結果的に，集団について知見を得るような形になっている調査研究が多いという点は，先に述べた通りです。

　以上のように述べてきましたが，繰返しになりますが，実際には心理調査・社会調査の差異はそこまで大きくはないです。そしてそもそも，「心理調査」という語そのものがあまり使われません（心理実験，心理検査，心理面接，などはよく言われますが）。ひとまずは，心理調査とは，社会調査と

違い，心理を中心に据えると言えるでしょう。そして，その中心的な役割を
果たすのが心理尺度です。そこで，以下では心理尺度の話を中心に説明して
いきたいと思います。

3.4 心 理 尺 度

　先に引用した江利川ら（2007）では，「テレビ親近感尺度」を用いていま
す。内容的に多くの人にとって親しみやすいでしょうし，また項目数が少な
いこともあり，全項目を**表 3.2**に示しておきます。内容的な親しみやすさ，
コンパクトさ，ということで例示していますので，この尺度が心理学の代表
的なものということではありません。実際にはむしろ逆で，使用目的がテレ
ビというものに特化していますので，心理学研究でまずお目にかかることは
ありません。一方で，心理学研究でよく用いられる尺度というものもありま
す。尺度は，研究テーマに応じて選択されるものです。

表 3.2　テレビ親近感尺度（江利川ら，2007）

	とてもあてはまる	ややあてはまる	あまりあてはまらない	まったくあてはまらない
1. テレビを見るのが大好きだ	4	3	2	1
2. テレビを見るのは大切な生活の一部になっている	4	3	2	1
3. もしもテレビが壊れたら代わりにすることがなくて困ると思う	4	3	2	1
4. テレビなしでは楽しく暮らしていけないような気がする	4	3	2	1

　このような質問項目群（加えて，得点化のルール）を**心理尺度**と言います。
単に**尺度**と言われることも多いです。これらが質問紙に印刷されていて，研

究参加者は順に回答していくのです。

　江利川ら（2007）の論文中には，「回答形式は4件法で，集計時に値が大きいほど肯定度が高くなるように1〜4点を与えた」という記述があります。この記述について，以下2点説明を加えます。

　第1に，4件法とは，表3.2のように，項目ごとに「とてもあてはまる」から「まったくあてはまらない」の4つのうちいずれかの数字を選択し○をつけてもらうという評定形式です。実際に「とてもあてはまる」から「まったくあてはまらない」といったラベルを用いたかどうかについては論文中に記載されていませんので，たとえば，実際の研究では「非常にあてはまる」から「全然あてはまらない」などかもしれませんが，いずれにしても「4　3　2　1」という4つの選択肢が設けられているということです。どのようなラベルを用いるのかという点については，鈴木（2011）にいろいろな例が挙げられています。一方，5件法になりますと，「ややあてはまる」と「あまりあてはまらない」の間に「どちらともいえない」を挿入し，「5　4　3　2　1」と5つの選択肢を設けることになります。心理学研究では，5件法か4件法を用いることが多いようです。両者の違いは「どちらともいえない」という「中間の選択肢」の有無です。中間の選択肢を設けるかどうかは，研究者の側においてケースバイケースで判断します。一律にこういう場合には中間を設けると書くことはできないのですが，たとえば，普段あまり考えたことがないであろう項目（内省可能性の低い項目。内省可能性については後述します）については，回答が難しいと推測されるので中間の選択肢を設ける，といったことはあります。つまり，中間の選択肢は，研究参加者にとっては回答の際，一種の「逃げ場所」として機能するのです。一方で，その「逃げ場所」があるがために，「考えるのが面倒なのでとにかくどの項目においても中間の選択肢に評定してしまう」ということもあり得ますので，注意が必要です。なお，テレビ親近感尺度のような単極の項目の場合，中間に「どちらともいえない」を設けること自体，意味としておかしいと考える立場もあります。

　以上，4件法にしても5件法にしても，このように段階的に評定を求める方法を**評定法**と言います。「4　3　2　1」といった数字を用いずに，単に下記のように線分を書き（4件法の例），あてはまる交点の部分（縦線と横線が交わった箇所）に○をつけてもらうという形式もあります。縦線と横線が交わった箇所は4つありますので選択肢は4つ，つまり4件法と同等です。

　「4　3　2　1」という数字の並びにしますと，研究参加者に対して，測定対象の量的大きさを明示しすぎてしまい，あるいは数字が大きいほど望ましいと解釈されることが懸念される場合などに，こうした形式を用います。線分であれば，どの選択肢も同じ見え方になります。印象を測る場合など，「明るい　5　4　3　2　1　暗い」というような両極の項目を設定することがありますが（これを**SD法**と言います），この場合「明るい」が5でも「暗い」が5でも構わないわけで，このような両極尺度の場合に線分が用いられることもあります。この形式の場合，あくまで交点の部分に○をつけるよう，評定の例をあらかじめ記載することが一般的ですが，例を掲げたとしても，研究参加者の中には交点でなく，交点の間の−部分に○をつける人が出てきますので，この点は注意が必要です。なお，この評定形式の場合でも，データ入力の際には，「4　3　2　1」というように，等間隔の数値として得点化していきます。

　第2に，江利川ら（2007）の「集計時に値が大きいほど肯定度が高くなるように1〜4点を与えた」ということの意味は，テレビに対する親近感が高ければ高いほど得点が高くなるようにした，つまり「とてもあてはまる」が4点，以降，3点，2点，1点と減っていくように得点化したということです。テレビに対する親近感の強さを，こうした形で数値に置き換えているわけです。この4項目についてはどれも，4点の方向に○をつければつけるほどテレビへの親近感が高いことになりますが，心理尺度ではしばしば**逆転項目**が

設けられます（江利川ら（2007）にはありませんが）。たとえば，「テレビが
なくても生活に支障はない」「テレビを見るのは大嫌いだ」といった項目が
そうです。これらの項目は，逆に1点に近いほうがテレビへの親近感が高い
ことになりますので，こうした逆転項目については得点化の方向を逆にしま
す。その上で，全項目の合計点（あるいはそれを項目数で割ったもの）を算
出し，分析することが一般的です。たとえば，**表3.2**の4項目とも4に○を
つけた研究参加者のテレビ親近感得点は，4＋4＋4＋4＝16点となるわけで
す。こうした得点を**尺度得点**と言います。この尺度の場合，16点が取り得
る値の最大，1＋1＋1＋1＝4点が最小です。心理尺度と言った場合，その意
味内容は，狭義には尺度項目を指しますが，加えて「このように回答したら
このように尺度得点を算出する」といったルールまでも含むことが通例です。

　なお，「テレビ親近感尺度」は4項目で1尺度ですが，心理尺度によって
はその中がいくつかの下位側面に分かれる場合も多いです。たとえば，「信
頼感尺度」（天貝，2001）の中に「不信」「自分への信頼」「他人への信頼」
の3側面があるという場合ですが，このようにある1つの尺度に内包された
尺度のことを**下位尺度**と言います。その場合，下位尺度ごとに合計点を出し
ますが，これを**下位尺度得点**と言います。

3.5　心理尺度の信頼性と妥当性

　尺度得点算出の際，各項目得点を合計するからには，全項目が一貫して同
じ方向を向いている必要があります。「よそもの」が混じっているのにそれ
を合計してしまっては，合計得点に不純物が混ざっていることになってしま
います。たとえば，同じテレビに関する項目だからと言って「テレビ画面の
汚れが気になることが多い」という項目を入れたのであれば，この項目内容
はある面ではテレビへの親近感には関わるでしょうが，他の項目ほどにはテ
レビ親近感を測定し得ない（別のことを測定している）でしょう。このよう
に，尺度得点算出の前提として，測定の一貫性が問題になってきます。これ

を**信頼性**と言います。一貫性が高いということは，すなわち信頼性が高いということです。

　一方で，全項目が一貫して同じ方向を向いてはいるものの，測定しようとしている方向を向いていない，測定すべき方向（測定対象）から一貫してずれているという場合もあります。テレビ親近感を測定すべきところ，「人はテレビから多くの情報を得ている」「テレビは世論を左右するものだ」といった項目群を設定したのであれば，同じテレビであっても，これは「テレビの影響力についての考え」の方向を向いてしまっています。一方，この 2 項目は一貫している，つまり信頼性はある程度高いでしょう。しかしいかんせん，テレビ親近感を測定する項目群としては，ずれているということになります。このように，しかるべき方向を向いているか，つまり測定したい概念をちゃんと測定しているのか（測定したい概念以外で汚染されていないか），という概念が必要になってくるわけですが，これを**妥当性**と言います。

　以上より，信頼性と妥当性を両方考慮して，その関係性を考えることができそうです。利島・生和（1993）は，信頼性と妥当性の関係の説明において弓道（アーチェリー）を例に説明していますが，**図 3.3** のように，ここでもこの例をもとに説明したいと思います（心理尺度の信頼性・妥当性の説明において，弓やダーツの例はしばしばたとえとして用いられます）。

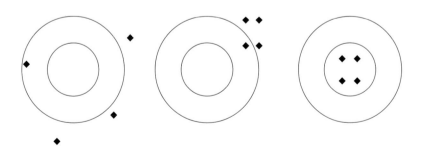

(a)信頼性低い・妥当性低い　　(b)信頼性高い・妥当性低い　　(c)信頼性高い・妥当性高い

図 3.3　信頼性と妥当性の関係①

　まず，弓を射るという状況を考えた場合，的の中心が，テレビ親近感とい
った測定すべき対象です。したがって，的の中心に当てるということが「妥
当性が高い」ということに該当します。それぞれの的には4つの◆がありま
すが，これは各質問項目の測定結果です（「テレビ親近感尺度」のように4
項目から成る尺度を想定しています）。図3.3（a）の場合，的の中心に当た
っていないし，当たっている箇所もばらばらです。信頼性，妥当性ともに低
い状況ということです。図3.3（b）は的の中心に当たっていないため妥当
性は低いものの，ある特定の外れた箇所に集中して当たっています。つまり
信頼性は高いのです（何かは測っている）。信頼性は高いが，常にずれてい
る状況（＝妥当性が低い）ということです。もっとも望ましい状況は図3.3
（c）で，4項目とも的の中心に当たっています。信頼性，妥当性ともに高い
ということです。以上の例で言えることは，信頼性が高いからと言って妥当
性が高いとは限らないということです。言い換えれば，心理尺度の信頼性は，
妥当性の十分条件ではないということになります。一方，信頼性は妥当性の
必要条件です。信頼性が低ければ妥当性も低くなります（図3.4）。

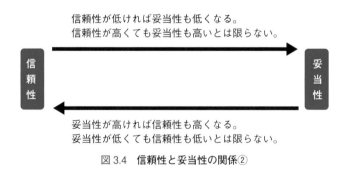

図3.4　信頼性と妥当性の関係②

　なお，図3.3（b）の状態は必ずしも悪いというわけではありません。弓
道ではなくダーツを考えてみましょう。ダーツにはいくつかのルールがあり，
その中の一つに「持ち点を減らしていってちょうど0点にする」というゲー
ムがあるそうです（「ゼロワン」）。この場合，最後には，必ずしも的の中心

ではなく，ちょうど0点にするような箇所に当てなくてはならないということになります。心理尺度においても，測定しようとしている対象から少し外れたところを測定したいというケースは想定できないことはないかもしれません（ただし，そこが的の中心ということにはなりますが）。すなわち，妥当性は測定の目的に依存するということです。

　信頼性とは測定の精度，妥当性とは測定の有意味性と言うこともできます。図3.5をご覧ください。信頼性という概念は，図に縦方向の波線が入っている通り，測定対象とは必ずしも結びついておらず，測定対象から切り離された概念なのです。つまり，測定対象からずれた対象を測定していても，そのずれたところを精度良く射止めていれば信頼性は高いのです。信頼性の高さは，信頼性係数によって表されます。信頼性係数の代表的なものは**クロンバックの α 係数**ですが，江利川ら（2007）の「テレビ親近感尺度」の α 係数は0.83という値でした。この値は十分に高いものです。α 係数は0から1までの値をとり，1に近いほど信頼性が高いのですが，一般に0.8以上であれば信頼性が十分に高いと言われます。しかしながら，「0.8」に必要以上にこだわるのも問題です。たとえば「テレビを見るのが大好きだ」「テレビは魅力的だ」「テレビを見ることが楽しい」といったあまりにも似すぎている

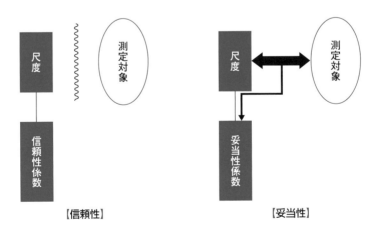

図3.5　信頼性と妥当性

項目群を設定すればたしかに α 係数は高くなりますが，そうすることで，測定対象のごく一部しか測定できないことになってしまいます。信頼性を高めようとする一心で，かんじんな妥当性が損なわれてしまうのです。

　妥当性についてですが，測定の有意味性と書きました。妥当性は，測定対象である構成概念との関係性あっての概念です。つまり，その測定に意味があるか，測定対象という測りたいものをちゃんと測っているか，ということで，解釈の適切さです。妥当性の高さは，一つには**妥当性係数**によって表されますが，たとえば「テレビ親近感尺度」の尺度得点と，実際のテレビ視聴時間の相関係数（これが妥当性係数ということになります）がある程度高いことは，「テレビ親近感尺度」の妥当性の高さを示す一つの証拠ということになります。江利川ら（2007）の「テレビ親近感尺度」の妥当性係数（という言い方は，論文中ではされていませんが）ですが，「テレビ親近感尺度」の得点と平日テレビ視聴時間との相関係数は 0.44 という値でした（論文では，相関係数の中でも，順位相関係数というものを用いています）。「テレビ親近感尺度」がちゃんとテレビ親近感を測定しているか確かめるために，テレビ視聴時間との関係性をチェックしているのです。ここである程度高い正の相関が見出されれば，実際のテレビ視聴時間との関連があるのだから，この尺度はテレビ親近感を測定しているのでは，と推測するわけです。

　信頼性の説明として，一貫性，精度，という語を用いてきました。一貫性と言う場合，ある一時点での一貫性の他に，時間的な安定性という意味での一貫性を考えることもできます（**図 3.6**）。テレビへの親近感は，1 カ月やそこらで変わるものでもありません。そこで，時間をおいて 2 度調査し，両者のテレビ親近感得点の相関係数を算出するのです。こうした信頼性を**再検査信頼性（再テスト信頼性）**と言い，その信頼性係数を**再検査信頼性係数（再テスト信頼性係数）**と言います。江利川ら（2007）の「テレビ親近感尺度」では，8 週間の間隔で 2 度実施した結果，相関係数，つまり再検査信頼性係数は 0.69 という値でした。ある程度の安定性が確認されたと言えます。しかしここにおいても，**図 3.6** 左図に縦方向の波線がある通り，尺度は測定対

象から切り離されています。測定対象をちゃんと測っていなくても，とにかく２つの時点で一貫していれば，再検査信頼性係数は高くなるのです。対して，妥当性のほうは，常に測定対象である構成概念とセットで，その対応度が問題になります。その測定に意味があるのか，適切な測定なのか，ということです。ですから，妥当性の高さは心理尺度の生命線です。いくら信頼性が高くても，測りたいことを測れていなければ元も子もないわけです。

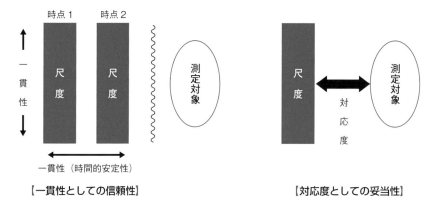

図3.6　信頼性と妥当性

　村上（2003）は，信頼性は尺度内部だけで決まる性質であるが，妥当性は尺度の外部にある何かとの関係抜きには定義できないと述べています。また，石井（2005）は，信頼性・妥当性は尺度そのものの性質ではない（得点に対して述べられるもの）と述べています。その尺度がどのような集団に対して測定されたかによって，信頼性・妥当性は変わってくるわけです。一方，リリエンフェルドら（2007）は，妥当性の複雑さについて論じる中で，多くの心理検査は下位尺度から構成されているが，検査は特定のグループの中で特定の目的のために作られており，検査や下位尺度の全体的妥当性は存在しない，また，検査は多面的な目的で使われるが，それぞれの目的に関する妥当性は，経験的に確立されなければならない，と述べています。

　妥当性は，測定対象となる構成概念との関係性抜きには考えられないこと

に加え，どのような場での測定なのか，という場との関係性抜きにも考えられない，さらには数値のみでは保証できない面があるということなのです。

　尺度を用いた心理学研究では，α 係数は必ずと言っていいほど算出されます。一方，妥当性については相対的に軽視されているように思われる場合も散見されます。ですが，信頼性は妥当性の十分条件ではないので，信頼性が高いことをもって，よい尺度であると錯覚することは慎まないといけません。妥当性のほうがずっと重要なのです。なぜ α 係数をはじめとする信頼性にこだわるのかと言えば，それは数字としてすぐに手にできるからでしょう。一方，妥当性については，他の尺度との相関係数を算出できはするもののそれだけでは不十分であり，そこで相手にしている問題が「測りたいものを測っているか」という，雲をつかむような作業であるがゆえに検証が困難です。ある事件が起こったとき，状況証拠しか得られないことは往々にしてありますが，そのとき刑事は，細かな状況証拠を少しずつ集め，それら多くの断片をもとに事件の核心に迫っていこうとするでしょう。心理学における尺度構成はこれに似ていると思います。心理学では，心という直接観察できないものを相手にしている以上，何を測定しているのかということは，結局のところ分からないわけですが，分からないなら分からないなりに，必死に「状況証拠」を蓄積していかねばならないと思います。2 章でも述べましたように，心は直接測定できません。間接測定をしている以上，直接証拠は期待できず，状況証拠のみで多くの観点から妥当性を検証していくしか手段はないのです。その点，無力感に襲われることもあるかもしれませんが，α 係数が 0.8 以上という事実に安心してしまうのではなく，刑事の状況証拠集めさながらに，地道な妥当性検証作業をしていくことが重要なのです。

　妥当性検証と言いますと，他の尺度との相関係数の算出をもって妥当性を検証している（ことにしている）ケースは少なくありません。この妥当性検証方法にはどのような問題があるでしょうか。これまで開発された多くの尺度が，他の既存の尺度との相関をとるという方法のみで妥当性を検証してきたとしましょう。このような形で「妥当性が検証された」尺度が，他の別の

尺度の開発の際に，相関をとる対象として選択されたとします。そしてまた，そこで作成された尺度が，次なる尺度構成の際，妥当性検証のため相関をとる相手として選択されて……という研究の連鎖を考えてみます。他の尺度との相関をみるだけという不十分な妥当性検証がなされたものが次々に利用されていけば，妥当性はますます微妙なものになっていくでしょう。

　それでは，妥当性検証はいかにすべきなのでしょうか。これについては，質問紙を越え，実際の行動指標との関係をみることが重要になります。たとえば，テレビ親近感について考えてみましょう。テレビ親近感の高い人であれば，暇なときテレビをつける傾向があるでしょう。もし，研究参加者が自由に過ごせるようなある実験状況を設定し，そこでの行動を観察した結果，「テレビ親近感尺度」の得点が高い人はたしかにテレビをよくつけ，逆にテレビ親近感の得点の低い人はテレビをあまりつけなかったとします（実際にこのような研究をしたほうがよいということではなく，あくまで説明のための例です）。「テレビ親近感尺度」で測定されている特性が，確かに実際の行動と関係していることになり，妥当性がある可能性が高いということになるでしょう。江利川ら（2007）では，研究参加者に対してテレビ視聴時間を自己報告させているわけですが，「テレビ親近感尺度」もテレビ視聴時間もいずれも自己報告になっています。そこに他者の視点はありません。そこで，外からテレビ視聴行動を観察し，尺度の妥当性検証とするのです。さらに，たった1つの行動を検討するだけでは不十分でしょうから，他の行動も検討することが望ましいです。行動指標による妥当性検証とは，その尺度の測定対象が，表に出る行動と確かに関連しており，その対応関係はその測定対象の内容からして問題ないという結果を証拠として得るということです。測定対象についての理論を参考にして，「理論的には行動が〇〇になることが予測され，それが実際にそうであった」ということを検証するのです。

　以上のように，実験状況を別途用意することによって妥当性を検証する場合，当然時間も労力もかかるわけですが，これは必要な作業です。たとえば，山形ら（2005）は，「成人版エフォートフル・コントロール尺度日本語版」

の作成において，他の尺度との相関のみならず，実際の行動との関係をみて
います。高辻（2002）は，「レジリエンス尺度」の妥当性について多角的検
討をするため，面接調査の結果など質問紙調査以外の他の指標との関連をみ
て，妥当性検証を行っています。上記にみてきたように，単に他の尺度との
関連をみるだけでなく，何らかの実験状況を構成し検討するとか，あるいは
研究参加者の日常生活を検討対象にするとか，他の複数の側面から妥当性が
あることの証拠集めをしなくてはならないでしょう。それは手間のかかる作
業で，しかも，行動指標との関係を検討したところで妥当性が完璧に検証さ
れたことにはなりません。つまるところ，妥当性検証は終わりなき戦いなの
ですが，とりわけ妥当性の検証には手間暇を惜しまない姿勢こそが，尺度を
作成する際に最重要視されるべき点です。なお，以上述べた妥当性検証につ
いては吉田（2002）が参考になります。

　ところで，妥当性と言いますと，多くの心理学の書籍では，**基準連関妥当
性・構成概念妥当性・内容的妥当性**の説明があります。これは妥当性の旧来
の考え方で，**妥当性の三位一体観**と称されます（村山，2012）。近年は，そ
うした3分類ではなく，構成概念妥当性にすべての妥当性を収斂させる考え
方が主流です。この点について書かれた日本語による文献はまだあまりない
のですが，村山（2012）以外では，日本テスト学会（2007），村上（2006）
などにも記述があります。もちろん，妥当性にいくつかのタイプがあるとい
う考え方そのものがなくなったわけではなく，たとえばヴァンデンボス
（2006）のような心理学辞典（"*APA dictionary of psychology*"）においても，
妥当性にはいくつかのタイプがあると明記されています。

3.6　よい項目の作成のために

　心理尺度の「よさ」のとらえ方として，信頼性・妥当性について説明して
きました。それでは，信頼性・妥当性を高めるために，心理尺度の項目にど
のような工夫をしたらよいのでしょうか。心理尺度の項目に限らず，質問紙

調査で用いられる項目の質をよくするためのポイントについて，以下に説明
していきたいと思います。

　まず，心理尺度に回答する研究参加者の内的過程について考えてみましょ
う。村井（2009）は，質問項目を提示された研究参加者にどのような内的過
程があるか，図 3.7 のように，大きく 3 段階として図示しています。第 1 の
段階（図中①の矢印）として質問項目を理解するという理解過程，第 2 の段
階（図中②の矢印）として尋ねられたことを自身の心的特性に照らし合わせ
るという照合過程，そして第 3 の段階（図中③の矢印）として実際に○をつ
けるという反応過程です。

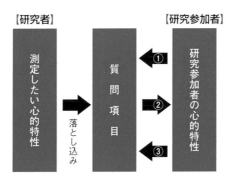

図 3.7　**質問項目への回答の際の研究参加者の
内的過程**（村井，2009 より）

　実験であれば，図中の「質問項目」が「実験状況」に相当します。実験状
況とは，たとえば，実験刺激であったり，実験者による教示であったり，さ
まざまなものを含みます。調査であれ実験であれ，研究参加者は，研究者と
の間で，（比喩的な表現をすれば）質問項目や実験状況などを介して「対話」
をすることになるのです。対話が過不足なく行われるように，さまざまな配
慮，工夫をする必要があります。対話が誤解に満ちたものであれば，そこで
得られたデータは価値のないものになります。質問紙調査における対話の基
本は項目です。研究者は，測定したい対象を項目に落とし込み，研究参加者

はそれを読みます。面接調査などであれば，その項目の意図するところを研究者に問い直すということはありますが，多くの質問紙調査では，そうした研究者・研究参加者間のコミュニケーションはありません。ですから，よい質問項目を設定する，ということがよい尺度作成の基本ということになります。

　研究者と研究参加者のほとんど唯一のインタフェースが質問項目ですから，研究者・研究参加者間のコミュニケーションのずれをできるだけ少なくするため，質問項目について細心の注意を払うこと，すなわちワーディングについての理解が重要になってきます。**ワーディング**とは質問項目の言葉遣いのことです。たとえば，「テレビを見るのが大好きだ」を「テレビを見るのが好きなほうだ」に修正するというような，ちょっとした言い回しの変化で値は変動します。

　ワーディングについては各種書籍に解説があり，それらの多くに共通する説明があります。ここでは，平井（2003）を引用しておきます（**表3.3**）。

表3.3　よい質問項目を作るためのワーディング
（平井，2003，p.89）

●明快で簡潔な表現を使う
語彙は平易でオーソドックスに
文は短く単純な文法で
形容詞や副詞の使用は最小限にする
●ひとつの質問文の使用にはひとつの内容のみ
●否定的な表現を避ける
とくに二重否定は避けること
●不快感をよぶような表現を避ける
差別的な表現
決めつける表現
プライバシーに立ち入った内容
●誘導的な表現を避ける
規範や常識をちらつかせる
好ましい（好ましくない）ニュアンスをもつ表現
●用語や表記を統一する

　質問項目の作成は困難です。上記留意点に気をつけたところで，言語を用いる以上完全な中立は不可能です（盛山，2004）。完全な無色透明はそもそも実現できないでしょうし，どこかに色が出ることにはなりますが，そうであっても，**表 3.3** などを参考に，最大限の配慮をしておかないといけません。人間は日々，相手の気持ちに配慮しながらコミュニケーションを営んでいます。項目作成の際も同じように，研究参加者が項目をどのようにとらえるだろうかと，いろいろな可能性を考えながら項目を洗練させていくのです。

　研究参加者における，自身の心に対する内省可能性についても留意する必要があります。**表 3.3** のすべてをクリアしている項目であっても，尋ねている内容が研究参加者にとってそもそも振り返りようがないものであれば，元も子もありません。この「振り返ることが可能である程度」を**内省可能性**と言います。

　例を挙げましょう。心理学を専門とする教員に「あなたはなぜ心理学を専門としたのですか」という点に関する質問項目を提示したとします。そこに，たとえば「人の心の仕組みに興味があったから」という質問項目があれば，研究参加者たる教員は自分自身の当時を振り返るでしょう。実際のところ，「なんとなく」心理学を専攻したにも関わらず，「人の心の仕組みに興味があったから」という質問項目を見てしまうと，「そう言えばそうだったかもしれない」と思い始め，実際はそうでなかったのにも関わらず「あてはまる」に回答したとします。これは認知心理学で言うところの「偽りの記憶」のようなものです。質問項目を見て，事実と違う心的特性が質問紙回答時に生み出されてしまい，それが評定値として表れてきてしまうということです。本来はまず人の心ありきで（そうは考えない立場もありますが），それが評定値に表れてほしいわけですが，逆に，項目を見て（もともとない）人の心的特性が出現し，評定値となってしまうのは問題です（**図 3.8**）。

　研究参加者は，多くの場合「親切」であると考えられます。どういう意味で「親切」なのかというと，「たとえ内省可能性の低い質問項目であっても何らかの回答してくれてしまう」という意味で「親切」ということなのです。

図 3.8　内省可能性が研究参加者に及ぼす影響

ではありますが，その親切さは，ある意味「罪なこと」とも言えると思います。むしろ，回答不能，思い出せない，ということで，その質問項目については飛ばしてくれたほうがよいわけです。研究者の側は，欠損値ということで残念な思いをするかもしれませんが，むしろ欠損であるという事実が，その質問項目の内省可能性の低さ，という重要な情報を提供しているとも言えるのです（もちろん，他の理由で回答を拒否した可能性もありますが）。

　吉田（1995）は，内省可能性について「……回答を求めている内容が被験者（または，調査・面接の対象）の内省能力を越えたものであることが多い点である。とくに，自己や他者の行動の動機や，ある状況下での感情，非言語的行動などの被験者が日常明確に意識しているとは思われない内容や，被験者が経験したことのない事柄について回答を求めるような質問は，もともと記憶（記銘）されていない可能性が高いものであるから，正確に内省することなどできないはずである。……」（以上，原文からそのまま抜き出しました）と重要な指摘をしています（吉田（2002）でも同じ指摘があります）。同様に，林（1975）も「調査対象者の経験内のことがでない場合」と簡潔に述べています。

　上に指摘してきた内省可能性については，考えすぎだと思われるかもしれませんが，留意しておく必要があると思います。というのは，研究する側は通常自分の興味のあることを研究するからです。興味があるということは，研究対象としている事象についてしばしば考えている，つまり内省可能性が知らず知らずのうちに相当程度高くなっているということです。たとえば，

死について研究する人は，死について普段よく考えているはずです。死という事象に対するアクセス可能性が高いと言い換えることもできます。対して，研究参加者は必ずしもそうではない，ということに意識的になる必要があると思います。

　それでは，内省可能性の低い事象について研究する場合はどうしたらよいでしょうか。場合に応じて，別の研究手法によるのが妥当だと思います。人がうそをつくことについての研究を例に考えてみましょう。

　ジェンセンら（2004）では，質問紙にて，過去1年で両親についたうその頻度について5件法で答えさせています。うそをつく頻度については，一般に内省可能性が低いと思います。日常的なうそ，たとえば，「元気？」と聞かれて，実のところあまり元気でなくても，他者に気を遣って「元気」と答えたりするような，日常の些細なうそについては記憶に残らず，記憶に残っているうそは，重大なうそなど記銘されやすいものに限定されるでしょう。つまり，自己報告にバイアスがかかるのです。

　対して，デパウロら（1996）では，研究参加者に，うそを記録してもらう日記を携行させるという**日記法**（日誌法とも言われます。4章参照）を用いています。この場合，日記を携行する負担はありますが，上記のようなバイアスは生じにくいと思います。同じように，村井（2000）は「人は1日に何回うそをつくのか」という点について，日記法を用いて検討しています。「あなたは1日に何回うそをつきますか」と質問項目で尋ねられても，多くの場合内省することは不可能でしょう。以上の研究は一つの例ですが，内省可能性という観点から，質問項目の是非を，さらには研究手法の是非について考えることが必須だと思います。

　安易な方法で信頼の置けない数値を得ても，いくら分析しても意味はないのです。研究参加者にある程度負荷をかけたとしても，かけがえのない意味ある数値を得るほうがよいと思います。もちろん，これは程度問題ではあります。倫理的問題に抵触しないように配慮しながら，ぎりぎりのところで最大限の負荷を経験してもらうというような態度が必要だと思います。これは

調査に限らず，実験など他の研究法にも言えることです。

　以上，項目作成をめぐって，さまざまな点について述べてきました。あれ
もこれもというと，もはや項目作成ができなくなってしまいますが，やはり
項目作成に神経質になることは重要です。ある意味，研究参加者を信頼しす
ぎないという姿勢（おそらくこう解釈してくれるであろうという淡い期待を
持たないという姿勢）が項目作成に求められるのです。質問紙調査でもっと
も重要となる点は「よい項目を作ること」です。よい項目の作成は，研究
者・研究参加者間の良好なコミュニケーションの基礎で，そのことがすべて
の出発点となり，よいデータの取得，よい分析，よい知見の導出，と充実し
た連鎖を生んでいくのです。

　繰返しになりますが，項目作成で一番重要なことは，研究参加者の身にな
ってみることです。これを聞かれたらいやな思いをするのではないか，これ
を聞かれてもどう答えてよいのか迷ってしまうのではないだろうか，といっ
たようなことに事前に十分思いをめぐらせることが必要でしょう。そのため
にはまず，作成した質問項目に自ら回答するのが出発点ですが，これは意外
にも忘れられているように思います。**予備調査**を実施し，質問項目を練り直
すことも必須です。

　ともあれ，研究参加者への思いやりが何よりも重要です。これは質問紙調
査に限ったことではないわけですが，研究遂行上忘れてはいけない重要，か
つ基本的な点です。

3.7　質問紙調査法の倫理

　以上の記述を受け，本章の最後に，質問紙調査の倫理についてふれておき
ます。と言いますのも，「質問紙調査ではとくに倫理的問題が発生しないだ
ろう」というように，実験法，観察法など他の研究手法に比べて，質問紙調
査法の倫理については，相対的に軽視されている傾向があるように思うから
です。

　質問紙調査は，研究参加者の時間を奪うものです（これは他の研究でももちろんそうです）。卒業論文提出を控えた時期の大学のように，研究参加者に別々の出所から何度も調査依頼が来ますと，（内心は辟易としながらも）「回答しないと悪いかな」と思って結局は回答してしまうことがありますが，これは本来好ましくないことです。「調査公害」ということばもあります。研究者のほうで，質問紙調査を通してしか判明しないことがあるのだろうか，という自己反省的視点を持つ，つまり，そもそもその調査はやる必要があるのか，と問うことも必要でしょう。質問紙調査を実施する研究者の調査動機は「自分の興味」，つまり「自分のため」とは言え，その調査が人間理解のために役立つのか，という広い観点をどこかに持っている必要があるでしょう。こういった視点は 2 章の実験法にもあてはまることですが，実験は一般に，研究者が研究参加者の候補者に実験参加を働きかけ，それに応じた人が後日研究参加者として実験室を訪問するというように，研究参加者の能動的関わりがあります。一方，質問紙調査は，たとえば授業者が「今日は調査があります」と言って質問紙を配付，回答を求める，ということが時になされます。そこには能動性がないわけです。もちろん回答は自主性に任せる，つまり「やりたくない人はやらなくてよい」わけですが，そうは言っても「やらないと申し訳ないかな」とか「周りの人がみなやっているから」ということで，実際問題「回答拒否」するのはなかなか勇気がいることです。こうした点では，調査のほうが，実験よりも，より気を配る必要があると思います。もちろん，質問紙実験などで，授業の教室で，質問紙調査風に一斉に集団形式で実施する場合であれば，調査と同じように配慮する必要があります。

　以上は，質問紙調査実施面での留意点ですが，質問紙の内容面についてはどのようなことが挙げられるでしょうか。プライバシーに関わる質問（たとえば，恋人の有無など）を表紙に記載してしまう問題点といった形式面以外のこととして，ここでは，質問項目の持つ「負のパワー」とでも言うべき点のみ指摘しておきます。たとえば，死についての質問項目を複数提示したとしましょう。そうした質問項目に回答していくことにより，研究参加者が，

回答前まではとくに死について考えることもなく平穏に過ごしていたものの，質問項目に回答することによってにわかに死への不安が生じだす，ということもあり得ます。調査であっても実験であっても何でもそうですが，寝た子を起こすようなことはあってはなりません。認知心理学などでは，気分を誘導する手法としてヴェルテン法があります。これは，簡単に言えば，たとえば研究参加者をネガティブな気分に誘導する際にネガティブな文章を読ませるというものです。こうした手法があるということは，質問項目を読むことが，研究参加者の心のあり方に大きく影響する可能性を示唆するものでしょう。

　以上のような研究倫理については，なかなか一筋縄ではいかないところがあります。基本的には，研究参加者に十分配慮する，ということになりますが，実際にはさまざまなことが生じます。ここでは，安藤・安藤（2011）を紹介するにとどめたいと思います。鈴木（2011）も参考になります。

　本章では，質問紙調査の実際の遂行における諸点について，十分な紙面を割くことができなかったトピックもあります。参考図書もあわせて参考にしていただければと思います。

（付記）本章で引用している「テレビ親近感尺度」ですが，本章脱稿後に「改訂版テレビ親近感尺度」についての論文が発表されました（江利川・山田，2012）ので，最後に申し添えておきます。

参考図書

安藤 清志・村田 光二・沼崎 誠（編）(2009)．新版 社会心理学研究入門　東京
　　大学出版会
　心理調査，社会調査，各々について，分かりやすい説明がなされています。

南風原 朝和・市川 伸一・下山 晴彦（編）(2001)．心理学研究法入門──調査・
　　実験から実践まで──　東京大学出版会
　質問紙尺度作成の具体的流れに加え，統計的側面についても分かりやすい説明が
あります。

南風原 朝和・市川 伸一・下山 晴彦 (2003)．心理学研究法　放送大学教育振興
　　会
　質問紙による研究について，実際の調査遂行に即した解説がなされています。

キーワード

質問紙実験　相関関係　共変関係　個人内相関　個人間相関　縦断調査　横断調査
量的変数　質的変数　分散分析　心理的変数　デモグラフィック変数　心理調査
社会調査　心理尺度　評定法　SD 法　逆転項目　尺度得点　下位尺度　下位尺度
得点　信頼性　妥当性　クロンバックの α 係数　妥当性係数　再検査信頼性　再
テスト信頼性　再検査信頼性係数　再テスト信頼性係数　基準連関妥当性　構成概
念妥当性　内容的妥当性　妥当性の三位一体観　ワーディング　内省可能性　日記
法　予備調査

観 察 法
——量的・質的調査研究

4章

はじめに

　「観察なしにはいかなる研究もできない」（ウィリッグ，2003，p. 35）という言葉にあるように，観察は，学問における主要な研究方法の一つとして用いられてきました。自然科学の歴史的発見には，観察によってもたらされたものが少なくありません。たとえばガリレオは，金星の満ち欠けや木星の衛星を望遠鏡で観察し，その結果をもとに地動説を唱えました。また，進化論で知られるダーウィンは，動物や人間の情動表出（喜怒哀楽の表出行動）の観察記録を集め，現代の情動理論の基盤となる考えを示しました。観察はまた，さまざまな社会における人々の生活や文化の様相を明らかにするために，文化人類学，社会学といった社会科学の研究でも用いられてきました。

　しかし，観察という行為に携わっているのは何も研究者に限りません。皆さんも，自身が関わりをもつ人たちや物事についてよりよく知りたいと思うときに，その対象をよく見て，考えを巡らせるのではないでしょうか。このように，日常的な行為としての観察も，学問研究における観察も，特定の対象をよく知り，理解したいという動機のもとに行われているという点では同じであるといえます。一方で，学問研究において観察を行う場合には，一定の決まった手順や守るべき事柄が数多くあります。本章では，心理学研究における観察法の特徴や技法について解説します。

4.1　「心」を「観察」するとは

　心理学の研究対象は，人や動物の心です。では，心を観察するとはどのようなことを指すのでしょうか。『広辞苑　第7版』で「観察」を引くと，「物事の真の姿を間違いなく理解しようとよく見ること」と記されています。すなわち観察とは，何かを漠然と見るのではなく，理解しようとする対象が定められ，その対象に意識的に注意を向けて見ることであるといえます。しかし，心そのものは目で見ることができません。そこで私たちは，心の働きが現れているもの，具体的には，行動や姿勢，顔の表情などをよく見ることによって，心の動きや状態を知ろうとします。私たちが見ることができるのは心の動きや状態の一部に過ぎませんが，それらをよく「観」れば，人の振る舞いに関して一定の法則や規則性を見出せるかもしれません。あるいは，それらの背後にある感情や考えを「察」することで，心の働きについて理解を深めることができるかもしれません。

　ただし，心に関する理解を深めるには，心の動きや状態が表れているものをよく見るだけでは不十分です。観察法の土台にあるもっとも基本的な作業は，言うまでもなく，現象をよく見ることです。しかし，これを研究として形にしていくためには，現象の特定の側面や事象に焦点を絞って，見たものを数値や文字，記号などに置き換えて記録し，記録した情報（データ）を分析するという，情報の選択と集約化の作業が不可欠です。このように，研究

図 4.1　観察法の 3 つの側面

方法としての観察法は，「見る」「記録する」「分析する」という3つの側面から成り立っているといえます（図4.1）。

外側からの観察と内側からの観察
──観察研究における2つの立場

　観察法の核となるのは，見たものを見えたままに記録することです。しかしこれは，それほど単純なことではありません。何人かで一緒に同じ出来事を見て，記録したものを比べてみてください。さまざまな記録の仕方があり，記録の内容や分量も人によってさまざまであることに気がつくことでしょう。なぜ，こうしたことが起こるのでしょうか。

　実のところ，私たちの目がとらえている情報は膨大であり，そのすべてを記録することは不可能です。そのため私たちは，特定の対象に選択的に注意を向け，内容の取捨選択を行いながら，見たものを記録します。また，物事の見え方は，どの立場から見るのかによっても変わります。ある出来事を第三者の立場で外側から見る場合と，当事者の立場で内側から見る場合とでは，記録の仕方や内容は異なります。さらに観察の目的によっても，出来事のどの側面に注目し，それをどう記録するのかは異なります。では，心理学の研究ではいずれの立場から，何を目的に観察を行うのでしょうか。

4.2.1　外側からの観察──量的方法における観察の特徴

　心理学の研究で長く用いられてきた伝統的な観察法は，**科学的観察**と呼ばれています。この名称には，心理学が人の行動を研究する科学の一分野として，自然科学の方法を模範としながら発展してきたことが反映されています。

　物理学や化学，生物学に代表される自然科学の研究では，自然現象の中に法則を見出し，現象をよりよく説明しうる理論を作ることが目指されます。また，理論には，将来起こる現象を予測でき（予測性），いつ，どこで，誰が確かめても正しく（普遍性），再現可能な一定の手続きによって得られた明白な証拠（データ）を用いて，現象を理論的に説明できること（実証性と

論理性）が求められます。これらの条件を備えた理論を作るため，自然科学
の研究では，現象の観察から導かれた仮説を新たなデータによって検証する，
という作業を繰り返します（図4.2）。その際に用いられるデータは，特定
の研究者の主観によらない**客観性**を備えたものでなければなりません。では，
どうすれば客観的なデータが得られるのでしょうか。

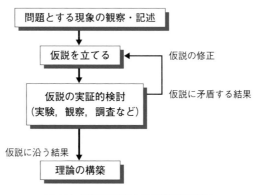

図4.2　**自然科学における研究の手順**

　私たちが物事を認識する際に頼りにしているのは，視覚や聴覚などの五感
です。しかし，人の感覚には個人差や状況差があります。視力のよしあしや
感知しうる音の高低は人によって異なるため，一人ひとりが見聞きしている
世界は，厳密には異なります。また，物の見え方は，置かれた状況によって
も違います。同じ物でも，光の当たり方によって色が違って見えるのはその
一例です。このように，私たちが感覚を通して認識した物事の性質は，実の
ところ，私たちが主観的に感じ取ったものであるといえます。そこで，客観
的データを得るために考えられたのが，主観的に感じ取られた物事の性質を，
量という客観的性質をもつもので表す，という方法です。たとえば，人によ
ってあたたかさ，冷たさの感覚は異なりますが，対象のあたたかさ（冷た
さ）を温度計内の水銀の膨張量に置き換えれば，誰もが摂氏何度（℃）とい
う同じ指標によって対象のあたたかさを表現できます。このように自然科学

の研究では，共通の物差しで測定した数量によって物事の性質を表すことで，客観的データを得ることができると考えます（山田，1999）。

　自然科学の研究にはもう一つ，大きな特徴があります。それは，対象とする複雑な現象をできるだけ簡単な要素に分割し，要素の動きと要素間の関連から現象全体の説明を試みる，ということです（山田，1999；濱田，2011）。たとえば，生物学ではさまざまな細胞の動きと関連から，また化学ではさまざまな元素の動きと関連から，生体や物質に生じる反応を説明しようとします。

　以上をまとめると自然科学の研究では，理論から導かれた仮説を検証するため，一定の手続きによって測定した個別の要素の動きを数量データに置き換え，要素間の関連を探る，という方法がとられます。数量データを扱うことから，このような研究方法は**量的方法**と呼ばれています。自然科学の流れを汲む心理学の研究では，これと同様に，人の行動を普遍的に説明，予測しうる理論（「人はこういう状況ではこう行動するものだ」「こういう人はこう行動しやすい」など）を作り，その理論に基づく仮説を検証するために，人の行動を要素に分けて測定し，行動に関わる因果関係や相関関係を統計的手法によって探る，という方法がとられてきました。その中で科学的観察は，行動に関する数量データを収集する方法として用いられてきました（**表4.1**）。

表4.1　2つのアプローチにおける観察法の特徴

	視点の位置	研究の目的	研究の関心	扱うデータ
量的方法における観察	外側	現象に関する一般的，普遍的な法則の検証	行動の測定	主に量的
質的方法における観察	内側	特定領域の現象に関する仮説の生成	行動の意味	主に質的

　科学的観察には，行動を客観的に測定する（いつ誰が観察しても同じ記録が得られるようにする）ためのさまざまな配慮や工夫が求められます。観察

する状況を統制することや，対象とする行動とその定義，および行動を測定
する手順を明確に定めておくことなどはその一例です。また観察者には，研
究協力者を外側から，第三者的に観察する態度が求められます。さらに，人
の行動は他者の目を意識することで変わりうるため，観察者の存在を研究協
力者に意識させない工夫（ビデオカメラやワンウェイミラーを用いるなど）
が施されることもあります。

4.2.2　内側からの観察──質的方法における観察の特徴

1.　科学的観察の限界

　ここまで，自然科学の方法論に則った科学的観察の特徴をみてきましたが，
心理学と同じく人の行動を研究対象とする社会科学（社会学や人類学など）
の研究では，1970年代頃から，自然科学の方法論を人の行動や社会現象に
そのまま適用することの是非が問われるようになりました。その影響を受け
て，心理学においても，自然科学の方法論を適用することの限界が認識され
るようになりました（フリック，2002）。

　では，その限界とはどのようなものでしょうか。まず，人が人の行動を純
粋に外部の立場から見て，説明することには限界があります。4.2.1で述べ
た通り，私たちの認識は本来主観的なものであり，とくに，人の行動や心に
関する私たちの認識には，自身が育った社会や文化のものの見方が多分に影
響しています。そのため，人が人の行動を観察する限り，社会や文化の影響
を免れることはできないと言えます（**表4.2**）。

　次に，人の行動を**文脈**から切り離し，要素に分けてとらえることには限界
があります。私たちの行動は特定の文脈，すなわち，社会・文化的な背景や
時間の流れの中で，さまざまな人や物理的環境の影響を複雑に受けています。
心にどのような動きが生じたために人がある行動をとったのか，またその行
動にはどのような意味があるのかを理解するためには，行動を文脈の中に位
置づけてとらえる必要があります（**表4.3**）。しかし科学的観察では，行動
が発生する状況を人為的に統制したり，行動を文脈から切り離し，要素に分

表 4.2　社会や文化によって異なる行動のとらえ方

> 　日本人に特有とされる心性の一つに，「甘え」があります。甘えは，不適切な行動や依頼を相手が許容してくれると期待すること（山口，1999）と社会心理学的には定義されています。幼い子どもが自分の要求を通すために親の前でだだをこねることなどはその好例です。日本で育ち，生活してきた人であれば，他にも多くの例が思い浮かぶことでしょう。しかし，欧米の文化には，甘えという概念は存在しないとされています。そのため，日本人が甘えととらえる行動（たとえば幼児のだだこね）を欧米の人が見た場合，彼らはそれを日常的にみられる甘えの行動であるとはとらえず，親子関係に何か問題があるのではないか，と考えるようです。また，欧米には家の中で靴を履いて生活する習慣があり，家の中で靴を履いていることは，欧米の人にとっては服を着ているのと同じくらい，自然なことであるといえます。しかし，日本人の多くは，家の中で靴を履いていることに違和感を覚えることでしょう。このように，同じ行動や状況を目にしたとしても，その中の何に注意が向くのか，またその行動や状況をどうとらえるのかは，社会や文化によって異なるのです。

けて数量で表したりします。このような手続きを徹底すれば，客観性の高いデータを得ることはできますが，一方では，現実の複雑さや全体の文脈の中に位置づけて人の行動をとらえることからは離れてしまうため，得られた結果を日常場面に広く適用できない（これを**生態学的妥当性**が低いといいます），ということが起こります。

　最後に，数量で表せる行動の側面（頻度や持続時間など）だけを扱うことには限界があります。私たちは，自身が関わる人々や物事についてさまざまなことを感じ，考え，意味づけをしながら，特定の行動をとるに至っています。これらのプロセスについて察することなく，特定の行動がもつ意味を理解することは困難です。しかし，伝統的な心理学の方法はデータの客観性を優先することと引き換えに，個々人を異なる意図や感情をもつ存在としてとらえ，その人の視点からみた感情や考えを扱うことを犠牲にしてきたと言えるかもしれません。

2. イーミックな立場と参加観察

　自然科学の方法論の限界が認識されるようになると，それまでとは異なる立場から研究を行う心理学者もでてきました。この立場では，人間の行動には社会や文化によらない普遍的側面（エティック（etic）な側面）と，社会

表 4.3　文脈から読み取る行動の意味

　ある言動がもつ意味は，その言動が発せられた文脈の中に位置づけてとらえることによって初めて理解できるものです。このことを，筆者が記した日誌記録の中の，あるエピソードを例に考えてみてください。

　当時，3歳だった息子の保育園のお迎えがいつもより遅くなってしまったある夕方のことです。筆者は息子の手を引いて，早足で家に帰りました。さぞ息子がお腹を空かせているだろうと思った筆者は，息をつく間もなく，急いで夕食の支度を始めました。20分間ほどで夕食を作り上げ，お皿を並べたところ，それを見た息子がぽそっと「全然おいしそうじゃない」と言ったのです。皆さんはなぜ，彼がこのような言葉を口にしたのだと思いますか。

200X 年 6 月 X 日

　今日はお迎えが5時半と遅くなってしまった。いつもであれば笑顔で走って抱きついてくるA（息子）もこの日はそうではなく，機嫌がよくない様子である。Aと2人，あまり会話もないまま家に向かい，とにかく急いでご飯を作った。このところ，保育園から帰ってきて私が夕食を作っているときにはいつも，「ママ，一緒に遊ぼう」「全然遊んでないじゃん」などとぐずるので，相手をしながら食事の支度をするが，この日は珍しく，いつもは見ないテレビのアニメ番組を一人で静かに見ていた。

　食事が出来たのでテレビを消し，私が食卓にお皿を置くと，席についたAが小声でぽそっと「全然おいしそうじゃない……ご飯，食べない」と言った。むっとした私は，「じゃあ，ご飯食べなくていいです」ときつめの口調でAに言った。するとAは指しゃぶりをしながらすすり泣き始めた。「ママだって帰ってきてお茶の一杯も飲まないで一生懸命ご飯作ったのに，そんなふうに言われてとても悲しい」と珍しく声を荒げてしまった。その後，頭を少し冷やそうと，Aを食卓に残し，襖一枚隔てた隣の部屋に入った。そのうちAが，襖を開けて「ママ，ご飯食べる」と泣きながら言いにきた。Aと一緒に食卓に戻り，私が「じゃあ，食べてください」と淡々と言うと，Aは黙々とご飯を食べ始めた。そのとき私は，Aがなぜ「全然おいしそうじゃない」と言ったのかを考えていた。そして，いつもとは違うAの様子から，Aは本当は私と遊びたかったのだけれど我慢をしていたのではないか，と思い，ご飯を食べているAに「ママのお膝においで」と声をかけた。するとAは，硬い表情のまま，すっと私の膝に座りにきた。そこでAに，「本当は，おいしそうじゃない，なんて思ってなかったんでしょう？　ご飯食べるよりもママと遊びたかったから，おいしそうじゃない，ご飯食べない，って言っちゃったんでしょう？」と言うと，Aは部屋中に響くほどの大きな声で，涙をぽろぽろと流して泣き始めた。私も「ごめんね」とAに謝りながら，Aを抱きしめた。Aは私の膝の上でひとしきり泣くとすっきりしたらしく，その後は膝の上に座ったまま，機嫌よくご飯を食べた。

　皆さんももうおわかりでしょう。「おいしそうじゃない」という彼の言葉の背後には，母親である筆者がいつもより遅く迎えにきたことへの怒りと，母親に甘えたいという切実な思いがあったのです。このとき筆者は，一度は彼の言葉を字義通りに受け取り，苛立ちを感じました。しかし，その後さめざめと泣く彼の姿を見て，彼が発した言葉の背後にある真の思いに初めて気づいたのです。

や文化に特有の側面（**イーミック**（emic）な側面）があると考え，後者の側面に焦点を当てます（マツモト，2001；ペレグリーニ，2000）。なお，この分類に従えば，科学的観察は，行動のエティックな側面に主に焦点を当てたもの，ということになります。

　イーミックな側面に焦点を当てた研究では，ある社会や文化の中で生じた行動や事象を，そこに属する人々の視点，つまり内側の視点から理解することを目指します。そのため，「ある社会的な状況において何が起こっているのか」「それはどのようにして起こったのか」「ある状況を経験するとはどういうことなのか」といった行動や事象の意味に焦点を当てた問いが立てられます（フリック，2002；ウィリッグ，2003）（**表4.1**）。なお，社会や文化というと，日本や米国，東洋や西洋といった大きな枠組みを思い浮かべる人が多いかもしれませんが，複数の人が集まる場（家庭や園，学校，病院など）はすべて，1つの社会や文化とみなすことができます。心理学の観察研究では，このように比較的小さい社会集団を対象とすることが多いようです。

　これらの問いに迫る方法として中心的に用いられるのは，面接法（5章）と観察法ですが，ここでは観察法についてのみ述べます。観察法を用いたイーミックな立場の研究では，人々が生活する現場に研究者自らが赴き，観察を行います。このように，観察者が協力者の生活の場に関わりながら行う観察方法を**参加観察**（参与観察と記すこともあります）といいます。ちなみに参加観察は，人類学者がエスノグラフィー（民族誌）を書くために開発した**フィールドワーク**（6章）においてよく用いられる手法の一つであり，心理学の研究手法としても積極的に用いられています。

　参加観察には，科学的観察とは異なる特徴がいくつかあります。具体的には，①対象とする人々の行動や事象を，特定の場面や文脈の中で観察します。観察の対象は「人＋状況」であり，これが後の分析単位にもなります（澤田・南，2001；箕浦，1999）。②観察者が協力者と体験を共にする中で，自身の身体を介して感受したこと（**間主観的**な理解）を重視します。そのため，視覚以外の感覚も含む五感を総動員して観察を行います（箕浦，1999；佐藤，

1992)。③人々の行動や事象の経過，状況に加え，観察者自身が感じたこと
や考えたことも記録します。これらの情報は数値では表すことができないた
め，主に言語で記録されます。なお，このように行動や事象の質的特徴に焦
点を当て，質的データ（主に言語で表されるデータ）を扱う研究方法は，**質
的方法**と呼ばれています。

　分析では，観察された行動や事象が協力者にいかに体験されているのかを
理解するための仮説をデータから生成することを試みます。すなわち，デー
タの解釈（意味を読み取る），分類（共通性や差異をもとに行動や事象をい
くつかのまとまりに分ける），概念化（各まとまりに，その特徴を端的に表
す適切な抽象度の名前をつける）の作業を繰り返し，最終的に，概念間にど
のような関連があるのかを探っていきます（澤田・南，2000）。以上のプロ
セスを経て見出された概念間の関連を，質的研究では仮説と呼びます。

4.3　2 つの方法による観察研究を比べる

　観察法は，量的方法，質的方法のいずれにおいても用いられるデータ収集
方法ですが，各方法における観察にはそれぞれ異なる特徴があることをここ
までみてきました（**表 4.1**）。次に，量的な観察法，質的な観察法の特徴を
具体的にイメージしてもらうため，同じテーマを扱った 2 つの研究を紹介し
ます。

　ここで取り上げるのは，1 歳後半から 2 歳にかけての対処行動の発達，と
いうテーマです。1, 2 歳になると子どもは，よちよち歩きを始め，言葉を
話し始め，手先を少しずつ器用に使えるようになります。また，物事のつな
がり（因果関係）が分かってくるようになるため，自分が周りの環境に働き
かけるとどのようなことが起こるのかを確かめようと，さまざまなことを自
分でやってみようとするようになります。しかし，身体の動かし方や物事の
理解の仕方は未熟であるため，自分がやりたいことが思うようにできない，
というフラストレーションを頻繁に経験するようになります。では，1, 2

歳児はこのようなフラストレーションにどのように対処するのでしょうか。また，その対処の仕方は，1歳から2歳の間にどのように変化するのでしょうか。

4.3.1　量的観察法による検討

まず，上記テーマを量的観察法によって検討した研究（坂上，1999）をみてみましょう。

1. 研究の目的

量的観察法ではデータの収集に先立ち，何を明らかにしたいのかを決め，先行研究に基づいて仮説を立てておく必要があります。

対処行動の発達を扱った理論（Kopp, 1989）によれば，1歳半よりも幼い子どもは物事の因果関係を理解することが難しいため，注意をそらしたり気晴らしをしたり自分の身体に触れたりすること（これを**情動焦点型の対処**と呼びます）でフラストレーションに対処すると考えられます。しかし，1歳半を過ぎ，物事の因果関係が分かり始めると，フラストレーションの原因となっていることをつきとめ，その原因に直接働きかけること（これを**問題焦点型の対処**と呼びます）で，フラストレーションに対処することがでてきます。

そこでこの研究では，「1歳6カ月から2歳の間に，子どもが問題焦点型の対処行動をとることが増える」という仮説を立て，フラストレーションを引き起こす状況を人為的に設定して，そこでの子どもの対処行動が年齢とともにどう変化するかを確かめることを試みました。

2. 方　　法

（1）協力者と観察の手続き

研究には1歳6カ月を迎える子どもと母親が協力しました。子どもが1歳6カ月と2歳ちょうどのときに，実験的観察法（後述）によって子どもの対処行動を観察しました。具体的には，次の2場面を設定し，母子の様子をビデオカメラで撮影しました。

(a) 遊び場面（10分間）

用意した5種類の玩具（ままごと道具や電車セットなど）を使い，母子で10分間自由に遊んでもらいました。

(b) 問題場面（3分間）

実験者が子どもの正面に座り，「たくさん遊んだからそろそろ玩具を片づけましょう」と声をかけ，透明の大きな箱に玩具を入れてふたをし，ロックします。そして「もっとたくさん遊びたかったですね。でも，玩具は箱の中に片づけてしまったので，○○ちゃんががんばって箱を開けてみてください」と促しました。この間，母親には子どもを励ますにとどめ，箱を開ける手助けはしないように伝えました。3分経過後，実験者は「よくがんばりましたね」と子どもに声をかけ，子どもが箱を開けるのを手伝いました。

(2) 倫理的配慮

研究への協力を依頼する際に，子どもの保護者に研究の主旨と手続きを説明し，玩具を片づける際に子どもに不快を生じさせる可能性があること，子どもが強い苦痛を示したときには直ちに手続きを中止すること，一連の手続き後に再度玩具で遊び，気持ちを立て直す時間を設けること，実験場面をビデオカメラで撮影することを伝え，承諾を得た上で観察を実施しました。これは，インフォームド・コンセント（説明と同意）（4.6を参照）と呼ばれる手続きにあたります。

(3) 分析の手続き

操作チェック（設定した状況に想定した効果があったかを確認する手続き，2章参照）……設定した場面でフラストレーションが引き起こされていたかを確認するため，遊び場面と問題場面での子どもの不快情動の表出を**評定尺度法**（後述）によって評定しました。具体的には，既存の評定尺度（**表4.4**）を使って，子どもが各場面で示した不快情動の度合いを評定しました。次に，評定値の平均と標準偏差を算出し，**分散分析**という統計手法によって，両場面の不快情動の平均評定値に有意な差があるかを検討しました。その結果，不快情動の平均評定値は遊び場面よりも問題場面で有意に高く，マイルドな

表 4.4　**不快情動の表出に関する評定尺度**（Clark et al., 1980 による）

1点：不快情動あるいは欲求不満のしるしが見られない。
3点：弱い不快情動が3，4回表出される。
5点：強い欲求不満や怒り，極端な不快情動が頻繁に，あるいは持続的に表出される。

表 4.5　**対処行動の一覧**（坂上，1999 を改変）

【　】内がカテゴリー名

対象	問題焦点型対処	情動焦点型対処
箱	【箱への積極的働きかけ】 働きかけの中で，箱を開けることに直結しやすい行動。 例：ふたを引っ張る，箱を揺する，箱を叩く。	【箱を用いた気晴らし】 箱への働きかけの中で，箱を開けることに直結しない行動。 例：箱にまたがる，箱を押す。
母　親	【母親への援助要請】 箱に向けた行動と同時に生じた，動作や言語による援助要請行動。 例：母親の手を箱に持っていく，箱を母親の膝に乗せる，母親に「アケテ」と言う。	【母親への慰撫要請・母親を用いた気晴らし】 箱に向けた行動をともなわない，母親への働きかけ・母親への接近・接触。 例：抱っこを求める，母親の膝に座る，母親の身体や服の一部に触れる。
実 験 者	【実験者への援助要請】 箱に向けた行動と同時に生じた，動作や言語による援助要請行動。 例：実験者の手を箱に持っていく，箱を実験者の膝に乗せる，実験者に「アケテ」と言う。	【実験者への慰撫要請・実験者を用いた気晴らし】 箱に向けた行動をともなわない，実験者への働きかけ・実験者への接近・接触。 例：実験者の身体や服の一部に触れる，箱以外のことについて話しかける。
周　囲		【周囲の探索】 周囲の環境の探索行動。 例：室内を見回す，室内を歩き回る，室内の物に触れる。
自　己		【自己を用いた気晴らし】 例：いないいないばあをする，踊る，歌を歌う。

＊本表は，出典論文の発行者である日本発達心理学会から許可を得て転載した。

フラストレーションが引き起こされていたことが確認できました。

　対処行動の記録……対処行動を記録するに先立ち，問題場面での子どもの対処行動の目録（リスト）（**表4.5**）を作成しました。この目録では対処行動が，タイプ（問題焦点型か情動焦点型か）とそれが向けられた対象（箱，母親，実験者，周囲）という観点から整理されており，問題場面で観察されうる8種類の行動とその定義が記されています。たとえば，「箱」に向けられた「問題焦点型対処」行動は，「箱の積極的探索」と名づけられており，「ふたを引っ張る」などの行動がここには含まれます。

　次に，問題場面での対処行動を，**時間見本法**（後述）によって**コーディング**しました。コーディングは**符号化**ともいい，観察された行動を，あらかじめ定めた基準や定義にしたがって，記号や数値に置き換えることを指します。この研究では問題場面の3分間を，10秒を一単位とする18単位に分割し，各単位時間に観察された行動を，録画記録を見ながらチェックリスト式の記録用紙（**表4.6**）に記入しました。その後，各行動が観察された単位数の総計を算出しました。

表4.6　コーディングに用いた記録用紙

観察実施日　○月×日　　　子どもの名前　M.A.　　性別（男・女）
年齢　1歳6カ月

観察単位	問題焦点型対処			情動焦点型対処			……
	対箱	対母親	対実験者	対箱	対母親	対実験者	
1. 0:00〜0:10	1						
2. 0:10〜0:20	1						
3. 0:20〜0:30		1					
17. 2:40〜2:50				1			
18. 2:50〜3:00				1			
総　計	9	2	1	2	1	0	

3. 結果と考察

　この研究では，「1歳6カ月から2歳にかけて，問題焦点型の対処行動を

とることが増える」という仮説を立てました。仮説に照らすと，問題場面で
の子どもの対処行動には，箱への積極的な働きかけ（ふたを引っ張る，箱を
叩くなど，問題解決により直結した行動）や実験者に援助を求めることが増
えることが予想されました。この仮説を検証するため，1歳6カ月の時点と
2歳時点を比べたときに各行動が観察された単位数の平均値（**表4.7**）に有
意な差があるかどうかを分散分析によって確かめました。その結果，「箱の
積極的探索」「実験者への援助要請」が観察された平均単位数は1歳6カ月
から2歳にかけて有意に増加しており，仮説どおりの結果が得られまし
た。

表4.7　問題焦点型対処行動が観察された単位数の平均と標準
　　　　偏差（坂上，1999より改変）

	18カ月時 平均（標準偏差）		24カ月時 平均（標準偏差）
箱の積極的探索	5.53（3.82）	<	8.63（4.10）
母親への援助要請	1.42（1.74）	>	.37（.68）
実験者への援助要請	.89（1.50）	<	2.00（1.86）
問題焦点型対処総計	7.84（4.41）	<	11.00（4.24）

　　　　　不等号が示されているのは統計的な有意差がみられた行動。
＊本表は，出典論文の発行者である日本発達心理学会から許可を得
　て転載した。

4.3.2　質的観察法による検討

　今度は，同じテーマを質的観察法によって検討した研究（坂上，2014）を
みてみましょう。

1.　研究の目的

　先に紹介した量的研究では，研究者が実験的に設定した問題場面で子ども
がとった対処行動を観察し，研究者があらかじめ作成した行動目録を用いて
子どもの行動を記録しました。しかし，2歳になった子どもたちの中には，
目録にはない行動を示した子どもが数名いました。たとえばある女児は，実

験者（筆者）が玩具の片づけを始めたところ，手にしていた玩具のスプーンを自分のスカートのポケットに入れ，実験者と母親を交互に見て照れ笑いのような表情を浮かべました。また，ある男児は母親のほうを見て，目の下に手を当て，涙は出ていないのに「エーンエーン」という泣き声をあげたのです。これらの行動は**表4.2**のいずれの行動カテゴリーにも該当せず，頻繁に生じるものでもないため，量的分析で扱われることはありません。しかし，筆者にはこれらの行動が，玩具をしまわれてしまうことを防ごうと子ども自身が編み出した巧妙な方略であるように感じられました。そして，これらの行動からは，子どもたちが日々の生活の中で身近な人との間でさまざまな駆け引きを行っていることがうかがわれました。

　そこで次に行う研究では，日常生活の中で生じる問題場面で子どもがどのような行動をとり，母親とどのようなやりとりをしているのかを長期間にわたって観察し，その間に子どもの対処行動や母親とのやりとりにどのような変化がみられるのかを探ることにしました。このように質的研究では，あらかじめ仮説を立てることはせずに，現象を丁寧に記述したり，そこから仮説を生成したりすることを目指します。

2.　方　　　法

(1)　協力者と観察の手続き

　この研究には，筆者の親戚である K 児とその母親が協力してくれました。K が1歳3カ月から2歳2カ月になるまでの約1年間，**自然観察法**（後述。4.4.1）によって，家庭での K と家族のやりとりを，週に1回1時間程度観察しました。観察時には，筆者の言動が母子のやりとりに与える影響を最小限にとどめるため，筆者から母子に働きかけることは控えました。やりとりの様子は全てビデオカメラで撮影すると同時に，K に泣きやぐずりなどの不快情動の表出がみられた時には，その様子や前後の文脈を筆記でメモしました。メモは帰宅後早いうちに清書し，観察中に感じたことや考えたことを追記したノート（これを**フィールドノーツ**といいます）（後述。6章も参照）を作りました。

(2) 倫理的配慮

　Kの母親には研究の目的と予定している観察の頻度や期間を説明し，録画についての許可を得ました。また，撮影や研究への協力は希望したときにはいつでもとりやめられることを事前に伝えました。

(3) 分析の手続き

　分析は，次の4段階で行われました。

　フラストレーション状況の特定とエピソードの抽出……収集した42時間分の録画記録とフィールドノーツを見ながら，Kに不快情動の表出が認められた場面を特定しました。その後，特定された場面を見直し，当該の事象の開始から終結までを1つの**エピソード**（意味としてのまとまりを持つ，具体的な時間と場所で起こった一連のやりとり（能智，2011））として切り出し，最終的に221エピソードを抽出しました。

　逐語記録の作成……各エピソードの逐語記録を**行動描写法**（後述）によって作成しました。具体的には，1エピソードにつきB6判のカード1～2枚に，物や人物の位置関係，エピソードの前後の状況，Kと母親の行動（姿勢や身振り，表情，視線の方向を含む）や発声・発話（口調や語調を含む）を，必要に応じてイラストも交えながら，時間の経過に沿って詳しく記述しました。

　フラストレーションの原因の特定と分類……逐語記録とフィールドノーツをもとに，各エピソードにおけるフラストレーションの原因を特定しました。ここでは原因のうち，解決困難な状況（Kが解決困難なことに取り組み，フラストレーション状態に置かれた場面）を取り上げ，これに該当する34エピソードをどのように分析したのかを紹介します。解決困難な状況には，取ろうとしている物が物理的理由で取れない（例：ソファの下にあるボールに手を伸ばすが届かない），やろうとしていることが思うようにできない（例：扉を開けようとするが開かない）といったものが含まれました。

　エピソードの分析……まず，34のエピソードの中で観察されたKの行動を，共通する特徴に基づいて分類し，7つのカテゴリーを析出しました。母親の対応についても同じ作業を行い，6つのカテゴリーを析出しました。こ

表4.8 Kの行動と母親の対応に関する主なカテゴリー

Kの行動 《カテゴリー名》	内容と具体例
《ぐずり》	ぐずり声をあげる
《対母：身振りによる状況伝達・援助要請》	母親を見て，関心がある物事を指さしで伝える・母親の手を引くなど
《対母：言語での状況伝達・援助要請》	問題となっている事態を母親に言葉（トレナイなど）で知らせる，具体的な援助を言葉（トッテ，チョウダイなど）を使って求める
《対観察者：言語での状況伝達・援助要請》	問題となっている事態を観察者に言葉で伝える（ミテ，トッテなど）
母親の対応 【カテゴリー名】	内容と具体例
【状況の言語化】	Kが置かれている状況を言葉で述べる（「それが挟まってるからとれないんだよ」など）
【道具的援助】	Kに直接的な手助けをする（Kの手が届かない所にある物を取る，ソファによじ登るところをお尻を押して助けるなど）
【要求の明確化】	Kが要求したことを，再度言葉かけをし，確認する（Kが高いところの玩具を「トッテ」と言ったのに対して，「どういうふうにとるの？」と尋ねるなど）
【問題解決のための情報提供】	問題解決のための助言をする（「ソファの下を探してみたら？」など）
【自力での解決を促す】	自分でやるように言葉で伝える（「自分でやりなさいよ」「もう少し努力して」など）

のうちの主なカテゴリーの名称と内容を，表4.8に示します。次に，各エピソードの逐語録を，Kの行動カテゴリーと母親の対応カテゴリーに置き換えて表記し（表4.9（1），表4.9（2）），やりとりのパターンの特徴を時期を追ってみていくことにしました。

3. 結果と考察

解決困難状況でのKと母親のやりとりには，Kが1歳10カ月の時期を境

表 4.9（1）　解決困難状況における K と母親のやりとりの逐語記録

エピソード 1　1歳 3 カ月 0 日　17：18：58〜	やりとりの流れ《K の行動》　【母親の対応】

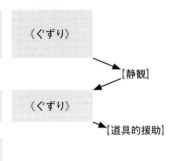

M（母親）はキッチンで野菜を切ったり煮炊きをしたりと，夕食の支度をしている。

K，M の足下にやってきて座る。そして，シンク下の収納扉の取っ手に手をかけると，ひっぱりながら「アーアーアー」とぐずり声をあげる。　　《ぐずり》

　　M は，K をちらっと見るが，手を休めずに黙って調理を続ける。　　【静観】

そのうち K が，顔を上げて M のほうを見て，さきほどよりも大きな声で「アーアー」と叫ぶ。　　《ぐずり》

　　M，手を止め，黙って扉を開ける。　　【道具的援助】

K，ぐずるのをやめ，扉の中からざるを取り出し，ざるをひっくり返したりフライ返しで叩いたりする。

〈解釈〉　母親が食事の支度をしているときに足下で調理道具を使って遊ぶのが，このところ気に入っているようである。この日も，調理道具で遊ぶために，扉を開けようとしたのではないかと思われるが，それができずにぐずっていたのではないかと推測される。

に，明確な違いが認められました。まず，K が 1 歳 3 カ月〜1 歳 9 カ月の間には，表 4.9（1）のエピソードにもあるように，やろうとしていることができなくて K がぐずっているときに，母親がそれを察し，K の窮状を言葉にして直接手助けをする，というやりとりのパターンが観察されました。この《ぐずる》→【道具的援助】【状況の言語化】というカテゴリーの組合せで表されるやりとりのパターンは，1 歳 9 カ月までに観察されたエピソードの大半（15 エピソード中 13 エピソード）でみられました。

　これに対して，K が 1 歳 10 カ月以降の時期に観察された 19 のエピソードでは，母親が K を直接的に援助することは少なくなり（3 エピソード），かわって，自身の窮状を言葉で訴える K に対して，より明確に自身の要求を伝えるように促したり，問題解決の方法を言葉で伝えるように促したり，自力で当該の状況を解決するように促すことがでてきました（表 4.9（2））。このパターンにみられる K の行動《母への言語での状況伝達・援助要請》

表 4.9（2）　解決困難状況における K と母親のやりとりの逐語記録

エピソード 2　1 歳 10 カ月 9 日　16：52：40〜	やりとりの流れ	
	《K の行動》	【母親の対応】

K がボールを放り投げたところ，ソファの下に転がって入ってしまう。K は腹ばいになってソファの下を覗き，ソファの下に手を突っ込んで伸ばすが，ボールに手が届かないようだ。	
K，立ち上がって，ソファの脇にしゃがんでいた M（母親）のところに行き，「トッタタ，ドコッタタヨ」と言い，ソファの下を指差す。	《言語での状況伝達・援助要請》
M，「え？」と聞き直す。	
K，「トッタター」と M の顔を見て答える。	《言語での状況伝達・援助要請》
M，「どこいっちゃったの？」	【要求の明確化】
K，M の手をとって，ソファの真ん前に引っ張って連れていき，「ドタッタノ？」と言う。	《言語での状況伝達・援助要請》
M，K に手を引かれながら，「どこどこ？」と尋ね，ソファの下を覗き，「あ，ほんとだ」と答える。それから K に「とってきてよ」と言う。	【自力での解決を促す】
K，次に観察者を見てソファの下を指差し，「トッテ，ココ」と言う。	《観察者への言語での援助要請》
M，その様子を見て K に，「とってよ」と言って返す。	【自力での解決を促す】
K，怒ったような口調で，「ココーココー」とソファの下を指し，M を見る。	《言語での状況伝達・援助要請》
M，K を見て「こうやって，よいしょ，って」と言いながらソファの下に手を伸ばす。	【問題解決のための情報提供】
K，ソファの下を指差し，自分でもソファの下に手を入れて伸ばしながら M を見て，「トッテー。エーエーネー」とぐずり声をあげる。	《言語での状況伝達・援助要請》
M，笑って「努力してみて。努力してみてよ」と言い，ソファの下に手を入れる。	【自力での解決を促す】
K は少し離れて M のことを見ている。	
M，ボールを取って，K に差し出し，「はい。ありがとは？」と言う。	【道具的援助】
K，「アリガト」と顔に笑みを浮かべて受け取る。	

〈解釈〉　M は K がボールを放って，ボールがソファの下に入ってしまうところは見ていた。しかし，M は黙って K の代わりにボールを取るのではなく，K に何があったのかを尋ね，K が観察者に助けを求めたときにも，自分でボールを取るように促していた。母親がとったこれらの対応は，状況を分かっていたうえでの対応であったと考えられる。K は K で，母親がだめなら観察者へと，ボールを取ってほしいと粘り強く交渉をしていた。K と母親の間には，緊迫感が漂っていた。

と母親の対応【要求の明確化】【問題解決のための情報提供】【自力での解決を促す】はいずれも，1歳10カ月のときに初めて観察されたものでした。

　この結果で着目すべきは，Kが自身の状況や要求を伝えるのに言葉を用い始めた1歳10カ月を境に，母親の対応が【道具的援助】から【要求の明確化を促す】【問題解決のための情報提供】【自力での解決を促す】といった行動に取って代わったことです。1歳9カ月までの間は，解決困難状況はさまざまなスキルが未熟であるKの意図を母親が代わって実現する場になっていたものと考えられます。しかし，1歳10カ月を過ぎ，Kが自分の状況や要求を言葉で伝えられるようになると，解決困難状況は，Kが自身で他者に伝えたいことを言葉で的確に伝えることや，自力で問題解決を試みることを練習する場になっていたものと解釈できます。

　紹介した2つの研究からは，同様のテーマを扱っていても量的方法と質的方法とでは，問いの立て方や観察の仕方，記録の方法，明らかにできることが異なることを感じ取っていただけたことでしょう。しかし，両者は対立的なものでもなければ，どちらか一方がより優れている，というものでもありません。いずれが目指すところも，人の行動や社会的事象の本質に迫ることであり，両者を相補的に用いることによって，そのゴールにより近づくことが可能になるのです。

4.4　観察法を用いた研究の進め方とさまざまな観察方法

　研究の進め方や使用する観察方法は，その研究が目的とするところによって異なるため，研究目的に適した観察方法を選定することが，研究の成否の鍵を握ることになります。本節では，研究目的と観察方法との対応を意識しながら，観察法を用いた研究の進め方と，観察の具体的方法を説明します。

4.4.1　量的方法を用いた観察研究の進め方と方法

1. 研究の進め方

　量的方法による研究では，仮説の検証を目的とすることが多くあります。このような研究ではまず，先行の理論や研究などを参考に，対象とする行動や事象を事前に決め，定義しておき，問いと仮説を立てます。問いは多くの場合，「ある行動の量（生起頻度や持続時間など）は，どのような要因（観察条件や観察対象の属性などがここには入ります）に規定されたり，どのような要因と関連したりしているのか」という形をとります。この問いに応じて仮説が立てられ，観察に協力してもらう人の属性（性別，年齢，職業など）や人数，用いる観察方法（詳細は後述）を，事前に決めておきます。

　なお，観察の対象とする行動や協力者，方法を決定する前には必ず，**予備観察**を行います。予備観察は，対象とする行動や事象がいつ，どのような状況で，どの程度生起するのかを大まかにとらえ，想定した協力者の属性や人数，観察の方法に問題はないかを確かめるために行います。予備観察では，録画機材の使用の適否についても検討しておきます。録画記録は後で繰返し確認することができるため，細かい動きをとらえたい場合や短い時間間隔で行動を記録したい場合，同じ時点に生じた複数の人物の行動を記録したい場合には，非常に有用です。ただし，録画された記録は，カメラの枠内に収まる範囲で，現実の一部を切り取ったものに過ぎないため，前後の文脈や周りの状況は収まっていないということがよくあります。したがって，録画記録だけに頼るのではなく，自分の目で観察し，メモを取っておくことも必要です。さらに録画機材の使用は研究協力者の行動を不自然なものにしたり，録画をすることについて協力者から同意を得られなかったりすることもあるため，これらの点について事前に確認しておくことが必要です。

　本観察を実施し，観察した行動や事象を量的データの形に加工したら，データに統計処理を施し，仮説の検討を行います。具体的には，まず，個々の行動や事象に関する基本統計量（平均や標準偏差など）を算出し，全体的な特徴をおさえます。次に，仮説に即した統計的検定（グループや条件間の平

均値の差を検討する場合は t 検定や分散分析，人数分布の差を検討する場合
は χ^2 検定など）を行い，結果のまとめと考察を行います。

2.　観察の方法

　観察法には見る，記録する，分析するという3つの側面がある，と述べま
したが（図 4.1 参照），ここでは見る方法と記録の方法を中心に説明します。
　観察を行う前には，場の設定，観察者と観察協力者との関わりの程度，行
動や事象を抽出する単位，記録の取り方など，決めておくべきことがたくさ
んあります。以下にその主な方法を紹介しますが，その中には，量的方法と
相性のよいものもあれば，質的方法と相性のよいものもあります。**表 4.10**
と併せて，各方法の特徴をつかんでください。

表 4.10　各方法において用いられることが多い観察方法

	場の設定 （観察事態）	観察者と対象者 の関わりの程度	観察単位の サンプリン グ方法	記録方法
量的方法	自然観察法 実験的観察法	非参加観察法 参加観察法	時間見本法 場面見本法 事象見本法	行動目録法 評定尺度法
質的方法	自然観察法	参加観察法	場面見本法 事象見本法 日誌法	行動描写法

（1）　場の設定方法

　どのような場面で観察を行うのかという場の設定（観察事態）については，
次の2つの分類がよく用いられています。

　自然観察法……行動の発生に人為的操作を加えず，自然な事態の中で人々
の行動を観察する方法（中澤，1997）です。自然観察法では，観察者の側が
行動を生起させる原因に操作を加えることはありませんが，研究目的に沿っ
て，観察場面を意図的に選ぶことは可能です。たとえば，広瀬（2006）は保
育園で幼児がどのようにいざこざを解決しているのかを調べるために，保育

中の自由遊び場面を観察しています。自然観察法には，人々の行動を背景的な文脈も含めて把握できるという利点があります。その一方で，行動の生起に関わる要因が多数存在する状況で観察が行われるため，行動の因果関係の特定は難しい，という欠点があります。また，行動の自然な生起を待つ方法であるため，まれにしか生じない行動や事象を対象とする場合には適しません。さらに自然観察法では，観察を行う場所や時間帯，その日の天候によって，観察しうる行動が異なることがあります。そのため，対象とする行動や事象を確実に観察しうる条件を，予備観察の段階で確かめておくことが必要です。

実験的観察法……対象とする行動が発生しそうな状況を観察者が設定し，そこで生じた行動を観察する方法です（中澤，1997）。実験的観察法には，対象とする行動を短時間で効率よく観察できるという利点や，観察状況を系統的に操作することで行動の生起に関わる要因を特定できる，という利点があります。ただし，実験的観察法には，厳密な条件統制を加えたもの（たとえば，実験室で研究者が用意した玩具を使って，実験者が指定したやり方で子どもに遊んでもらうなど）から自然観察法により近いもの（たとえば，研究者が用意した玩具を使って子どもに好きなように遊んでもらうなど）まであります。条件統制が厳密であるほど，生態学的妥当性が低くなる，という欠点が生じやすくなります。

(2) 観察者と協力者の関わりの程度

観察される行動や事象は，観察者が観察中に研究協力者とどの程度の関わりをもつのかによって変わってきます。こうした観点からの分類としては，参加観察法と非参加観察法がよく知られています。

参加観察法……参加観察法とはもともと，観察者自身が，観察の対象とする集団の生活に参加し，その一員としての役割を演じながら，そこに生起する事象を多角的に，長期にわたり観察する方法（三隅・阿部，1974）を指していました。しかし現在ではもう少し広い意味で使われることが多く，一般的には，観察者が協力者に自身の存在を明示しながら観察する方法（中澤，

1997）を，またより狭くは，現象が起きている現場に身を置いて集団の内部から対象とする事象を観察する方法（澤田・南，2001）を指します。参加観察法はさらに，観察者が協力者と関わりをもちつつ観察を行う交流的観察と，協力者との関わりを最小限にとどめ，観察に徹する非交流的観察とに分けられます。

　非参加観察法……観察されていることを協力者が意識しないように，ビデオカメラやワンウェイミラーを用いるなどして，観察者が自身の存在を協力者に明示しないで（いわば観察者が自身の存在を隠して）行う観察方法です。

(3) 観察単位のサンプリング方法

　観察した事象を記録するにあたっては，どのような区切りで行動や事象を抽出するかを決めておかなければなりません。行動や事象のサンプリングの仕方には，主に4つの方法があります（**表4.11**）。

表4.11　**観察単位のサンプリング方法に対応した記録と分析の方法**（澤田・南，2001を一部改変）

観察単位のサンプリング方法	記 録 方 法	データの種類と分析方法
時間見本法	┌ 行動目録法 →	量的（統計的）分析
場面見本法	┤ 評定尺度法 →	量的（統計的）分析
事象見本法	└ 行動描写法 →	質的（記述的）分析
日 誌 法	行動描写法 →	質的（記述的）分析

　時間見本法（タイムサンプリング法）……観察時間を一定の時間間隔（時間単位）に区切り，各時間単位における行動の生起の有無や持続時間などを記録する方法です。区切る時間の間隔をどの程度に設定し，どの程度の期間，観察を行うのかは，協力者の人数，対象とする行動の種類や性質，記録の方法（後述）によって異なってきます。そのため，予備観察を行い，適切な時間間隔や期間を事前に確かめておくことが重要です。時間見本法は，行動に関する量的データを得たいときに比較的簡便に用いることができますが，行

動や事象を時間で強制的に区切る方法であるため，行動や事象の流れをとらえたい場合には適していません。

　事象見本法（イベントサンプリング法）……記録する事象（たとえば親子の衝突（坂上，2002）や幼児のいざこざ（広瀬，2006））を決めておき，その事象を一つの単位として記録する方法です（表 4.9 参照）。ある事象がどのような原因で生起し，どのような経過をたどり，どのような結果に至ったのかという事象の過程を知りたいときに用いられ，質的データと相性のよい方法であるといえます。多数の観察を蓄積すれば量的分析を行うこともでき，対象とする行動の一般的な生起過程やそのバリエーションを類型化したいときにも用いられます（中澤，1997）。事象見本法で抽出した各事象の中で生じた行動を時間見本法で記録するというように，事象見本法と時間見本法を併用することもあります。

　場面見本法……対象とする行動が繰返し生起しそうな代表的場面や，日常生活の中で意味のある場面を選択し，そこで見られた行動を記録する方法です（澤田・南，2000）。場面間の比較を行い，場面による行動の違いを見たい場合や，対象とする行動を同様の場面で繰返し観察し，行動の特徴を明らかにしたい場合に用いられます。場面見本法を用いた研究としては，幼児の指差し行動を，絵本読み場面と積木遊び場面で観察した菅井ら（2010）や，保育園での集団での絵本読み場面を繰返し観察した横山（2003）があります。場面見本法で選択された場面において生じた行動を時間見本法で記録する，というように，場面見本法と時間見本法を併用することもあります。

　日誌法……日常生活の中で観察された特徴的あるいは印象的な行動や事象を記録する方法で，収集されるデータは質的なものになります（表 4.3 参照）。育児日誌（麻生，1990；やまだ，1987）や保育日誌，看護日誌がこれに相当します。日誌法を用いるには，協力者と研究者が生活の一場面を共有しており，ある程度頻繁にかつ長期に渡って記録をとれることが必要です。記録に観察者の主観が入りやすく，行動や事象が記録される基準が曖昧になりがちである，という欠点がありますが，長期間丁寧な記録をとることでき

れば，行動の変容過程に関して，豊かなデータを得ることができます。

(4) 記録方法

　抽出された行動や事象は，量的もしくは質的データに置き換えられますが，その方法としては，主に3つのものがあります。

　行動目録法（チェックリスト法）……観察場面で起こりそうな行動をいくつかのまとまり（カテゴリー）に整理，分類した行動目録（**表 4.5** 参照）を事前に作成しておき，チェックリスト形式の記録用紙（**表 4.6** 参照）を用いて，行動の生起や持続時間を記録します。量的データの記録に適しており，時間見本法と組み合わせて用いられることが多い方法です。行動目録は，先行研究で使用されたものをそのまま（あるいは改変を加えて）使用する場合もあれば，観察場面に即したものを，予備観察をもとに一から作る場合もあります。いずれの場合であっても，行動目録にある行動カテゴリーは，①誰が記録しても同じ記録が得られるように，また，研究者の解釈や推論が入りこむ余地がないように，明確に定義されている，②1つの行動が複数のカテゴリーにまたがって記録されることがないように，他のカテゴリーとの重複がない，ことが必要です。さらに行動目録は，その場面で観察されうる行動を網羅したものであることが望まれます。

　評定尺度法……観察した行動の程度や強度，印象などを，評定尺度を用いて記録する方法であり，行動の質的特徴を量的データとして記録したい時に用いられます。評定にあたっては，既存の尺度を用いる場合（**表 4.4** 参照）もあれば，自分で尺度を作成する場合もあります。記録に評定者の主観が入りやすいため，複数の観察者による評定値の平均を用いたり，観察者間の評定の一致を確かめたりするなど，信頼性（後述）を担保するための手続きを一般的にはとります。

　行動描写法（逸話記録法）……ある状況で生じている行動を時間的な流れに沿って自由記述する記録方法で，行動ややりとりの質的特徴をとらえることに適しています。**表 4.3** のエピソードの記録には，この方法が用いられています。行動描写法では，協力者の行動だけでなく，行動が観察された状況

（時間や場所，前後の文脈）も，記録の対象になります。

　以上の3つの記録方法は，日誌法以外のサンプリング方法であれば，いずれと組み合わせても用いることができますが，表4.11にあるように，各サンプリング方法との相性や，その後行いうる分析方法は，記録方法によって異なります。これらの点を考慮して，適切な記録方法を選ぶことが重要です。

4.4.2　質的方法を用いた観察研究の流れと方法

1.　研究の進め方

　質的方法を用いた研究は，ある行動や事象がもつ意味や，それらの生起プロセスや変化のプロセスを把捉すること，また，現象の背景にある要因間のダイナミックな関連性を，個別具体的に把捉することに適しているとされます。質的方法を用いた研究にはさまざまな背景をもつものがあり（詳しくは，フリック（2002）やウィリッグ（2003），大谷（2019）），そのすべてに共通する手続きを示すことは難しいため，ここでは観察法を用いる代表的な質的方法として，フィールドワークを取り上げます。なお，フィールドワークの詳細については6章や，箕浦（1999），能智（2011），柴山（2006）などの解説書を参照してください。

　フィールドワークでは，観察と分析を同時並行的に進めるのが特徴であり，検討する問いそのものも，実際に観察を始めてから絞り込んでいくことになります。具体的な手続きとしてはまず，対象とする現場（フィールド）を決め，現場全体を広く観察しながら，できるだけ多くのことをメモします。これは，現場で何が生じているのかを把握し，どのような問いが立つのかを考える目的で行います。次に，現場全体の観察から得たデータを元に，どのような行動や事象が頻繁に生じているのか，また，その中で自分が関心を持った行動や事象は何かを見極めます。観察の焦点と具体的な問いが定まったら，その行動や事象を重点的に観察し，人々の行動や事象の推移を，状況を含めて網羅的に記述します。この後の分析に耐えうる記録を収集するためには，焦点を当てた対象をある程度の長い期間，観察し，詳細に記録することが必

要です。なお，現場での観察メモを，観察者自身が感じたことや考えたことを加えて清書したものを，**フィールドノーツ**と呼びます。

　分析では，得られた質的データを用いて，記録した行動や事象の意味を解釈したり，行動や事象の異同に着目して行動や事象を分類したり，分類した行動や事象により抽象度の高い名前をつけて概念化したりする作業を行い，焦点を当てた事象をうまく説明できるような関連が概念同士の間にないかを探っていきます。

2. 観察の方法

　質的研究では通常，観察の方法として，自然観察法と参加観察法を用います。ただし，参加観察法といっても，現場において観察者が協力者とどの程度の関わりをもつのかには，研究によって幅があります。研究者自身が現場の一員として特定の役割をもちつつ観察を行うこともあれば（たとえば，親や保育者，教員の立場で子どもを観察したり，研究者が子どもの遊びに参加しながら，遊びの様子を観察したりする（刈田，2004）場合など），研究者も現場に身を置くものの，協力者への関わりは最小限にとどめ，観察者としての役割に徹することもあります。いずれの場合にせよ，観察者は協力者の行動に多少なりとも影響を与える存在であるため，自身の存在が協力者にいかなる影響を与えているのかを自覚し，それを含めて，観察協力者の行動や事象を記録し，解釈することが重要です。

　また，質的研究では，観察したことを記録するのに行動描写法を用いるのが一般的であり，いかにリアリティのある記録を集積しうるかが，研究の質を支えることになります。箕浦（1999）は，フィールドワークにおける記録として，現場に居合わせなかった人でも，その場のその時の状況や雰囲気を追体験しうるような記録が理想である，と述べています。記録の内容には通常，現場で観察した事象のみでなく，研究者自身が感じとったことや解釈したことも含めます（表4.3参照）。ただし，解釈を書く場合には，事象そのものの記述とは区別し（表4.9参照），根拠となる状況や事象に関する記述を明示しておくことや，過剰な解釈を自制することが求められます。

4.5 観察データの信頼性と妥当性

　研究において導かれた結論が適切であるためには，分析に用いたデータが対象の現実を反映した，信用に値するものであることが必要です。とくに，観察法は，データの性質が観察者の見方や記録，整理の仕方に大きく依存する方法であるとされます（遠藤，2000）。では，何をもって，そのデータが信用できるものであると判断できるのでしょうか。

　データの客観性を重視する量的方法では，測定の安定性と一貫性，すなわち，同一対象を同じ方法で繰返し測定し，同じデータが得られるかという点からこれを判断します（量的研究ではこれを**信頼性**といいます）。量的方法における観察では，同じ対象を複数の人が観察し，記録や評定にどの程度の一致がみられるか，という**一致率**の高さをもって，データの信頼性を評価します。一致度は通常，収集したデータの一部を使用して確認します。

　たとえば，2人の評定者が行動目録に沿って行動を記録した際の一致度をみたい場合には，2人の分類が全体の何パーセント一致したかを表す，**単純一致率**を利用することがあります。ただしこの数値は，偶然の一致によって高くなったり，行動のカテゴリー数が多いと低くなったりするという欠点をもっています。そこでこれらの欠点を補う指標として，カッパ係数（Cohen's Kappa；$\kappa = (P_o - P_c)/(1 - P_c)$（$P_o$ は一致率，P_c は偶然の一致率））と呼ばれる指標を使用するのが一般的です。カッパ係数は$-1 \sim 1$の値をとり，絶対値で 0.61 より大きければ実質的に一致しているとみなされます。カッパ係数の詳細な算出方法については，別の文献（石井，2014 など）を参照してください。

　また，データが信用に足るものであるためには，とらえようと意図していたものを確実にとらえられているのか（これを**妥当性**といいます）も重要です。信頼性や妥当性の高いデータを観察から得るためには，観察目的に合った観察単位を設定することや，適切な記録方法を用いることが必要です。とくに，記録にあいまいさや不正確さが生じないようにするためには，コーデ

ィングの際に用いる行動カテゴリーの定義を詳細かつ具体的に定めておくことや，記述の観点を明確にしておくことが重要です（詳しくは遠藤，2000）。

　一方，質的方法における観察では通常，自然発生的な1回限りの事象を言葉で記録します。またその際に，観察者が現場とどの程度の関わりをもちながら観察するのかは，研究によって異なります。そのため，質的方法における観察では，記録の一致率はあまり意味をもちません。それよりも，観察や記録がどのような手順で行われたのかというデータの成立過程や，分析の基準や枠組みを詳細かつ具体的に示すことで，読み手がその方法を信頼できるかどうかということが重要になります（渡邊，2004）。

4.6　観察法における留意点──研究者倫理の観点から

　どのような心理学の研究も，協力者がいて初めて実現するものです。研究に気持ちよく協力してもらうためには，研究者として守るべきこと，すなわち研究者倫理に則って研究を行う必要があります。研究者倫理にはさまざまなことが含まれますが，ここでは観察法を用いる際にとくに守りたいことを2つ，述べます。

　一つは，インフォームド・コンセント（**説明と同意**）についてです。研究への協力を依頼する際には，その目的や概要（いつ，どこで，どの程度の期間観察を行うのか。録画機材を使用するか。協力することにより生じる利益，不利益など）を説明し，同意を得ることが必要です。また，観察期間が長期に及ぶ場合には，協力者に過度の負担を強いていないかを折に触れて確認し，場合によっては観察方法を見直すことや，観察そのものを取りやめることも必要です。

　もう一つは，データ管理の問題です。観察法では録画記録を扱うことがありますが，録画記録には，個人名や顔などの個人情報が含まれています。したがって，録画記録が第三者の目に触れることのないように，施錠できる場所に保管するなどして，厳重に管理することが必要です。記録用紙について

も同様であり，記録用紙には個人名を書き込まずに管理する必要があります。研究が終了し，記録を保管しておく必要がなくなったら，記録は復元できない状態にして廃棄します。

お わ り に

　観察法は実に労力を要する研究方法ですが，その魅力は，人々の姿に直接触れながら，見る方法や記録の方法，分析方法をあれこれ考えながら作りあげていく点にあります。観察を通して明らかにしたいことが見えてきたときの感動は大きく，それこそが観察法の醍醐味であると言えるでしょう。

参 考 図 書

中澤 潤・大野木 裕明・南 博文（編著）（1997）．心理学マニュアル　観察法
　　（pp. 1–12）　北大路書房
　さまざまな観察法について研究事例を豊富に交えながら概説しています。
ペレグリーニ, A. D.　大藪 泰・越川 房子（訳）（2000）．子どもの行動観察法
　　──日常生活場面での実践──　川島書店
　量的方法で用いられる観察法を中心に，その手順を具体的かつ詳細に説明してい
ます。
能智 正博（2011）．質的研究法　東京大学出版会
　質的方法とは何かを分かりやすく説明した上で，質的方法における観察法の特徴
や進め方をていねいに解説しています。
遠藤 利彦（2004）．観察法　高野 陽太郎・岡 隆（編）心理学研究法──心を見
　　つめる科学のまなざし──（pp. 212–235）　有斐閣
　本章では詳しくふれられなかった，観察データにおける信頼性と妥当性の問題を
論じています。
日本発達心理学会（監修）古澤 頼雄・斉藤 こずゑ・都筑 学（編著）（2000）．観
　　察法を使う　心理学・倫理ガイドブック──リサーチと臨床──（pp. 46–
　　65）　有斐閣
　観察法を使用する際の倫理的配慮を詳しく説明しています。

キーワード

科学的観察　客観性　量的方法　文脈　生態学的妥当性　エティック　イーミック
参加観察　フィールドワーク　間主観的　質的方法　情動焦点型の対処　問題焦点
型の対処　操作チェック　評定尺度法　分散分析　時間見本法　コーディング　符
号化　自然観察法　フィールドノーツ　エピソード　行動描写法　予備観察　実験
的観察法　参加観察法　非参加観察法　時間見本法　タイムサンプリング法　事象
見本法　イベントサンプリング法　場面見本法　日誌法　記録方法　行動目録法
チェックリスト法　評定尺度法　行動描写法　逸話記録法　信頼性　一致率　単純
一致率　妥当性　インフォームド・コンセント　説明と同意

面 接 法
——質的調査研究

5章

　日常生活において「Ａさんのことを知りたい」と思ったとき，あなたはどうするでしょうか？　ちらりちらりとＡさんの様子を観察しつつ，周囲の人にＡさんのことを尋ねてみたり，あるいは，思い切ってＡさんに声をかけ，話をしてみたりして，最終的にそれまで集めた情報を統合して「Ａさんってこんな人」という何らかのＡさん像を描くのではないでしょうか。このように，自分の知りたいことについて，人と話をすることによって情報を集めることは日常的に行われています。この情報収集を研究データ収集の技法として体系化したものが面接法（インタビュー法）です。本章では，データ収集方法としての面接法および，面接データの分析法としての質的分析法について，具体例を紹介しながら解説します。

5.1　研究手法としての「面接法」

5.1.1　面接法とは

　面接は，入学や入社の試験の選抜方法の一つとしてなじみ深い営みですが，本来的には「人と人とが一定の環境にあって，直接顔を合わせ，一定の目的をもって互いに話し合い，情報を交換したり，意志や感情を伝えたり，相談したり，問題を解決すること」（井村・木戸，1965）と定義されています。特定の情報を得るという「一定の目的をもった」会話であることが，単なるおしゃべりとの大きな相違点です（Merriam，1998）。この面接がデータ収集を目的として行われるのが研究法としての**面接法**ということになります。

面接法には後述の通り，さまざまな種類があります。大切なことは，面接法の基本的な特徴・ルールや，手法としてのメリット・デメリットをよく理解し，自分の研究目的に適した手法を選択することです。

5.1.2　**面接法の基本的特徴**

　面接法の主な利点としては，まず，観察からはうかがい知ることのできない感情や価値観などの内的側面を理解する情報を得る上で力を発揮することが挙げられます。そして，研究協力者の様子を観察しながら柔軟な対応ができることも質問紙法と比べての利点と言えます。当初予定していなかった，より深い発展的な問いを投げかけることで，想定外の内容の情報が得られることは面接法の大きな強みです。

　一方，欠点としては，データ収集の手間と時間がかかること，また，言語を媒介とするため，得られるデータの質と量が語り手である研究協力者の言語能力に依存することが挙げられます。この観点から，小さな子どもや外国人から豊かなデータを得ることは難しいという制約もあります。

　面接データは，聞き手と語り手によって共同構築されたものです。私たちは，利害関係のある相手であれば話す内容に気をつけ，聞き上手の人にはつい余計なことまで話してしまうというように，相手によって何をどのように語るのか，微妙な調節をその場その場で行っています。同じことが研究データ収集としての面接場面でも起こります。つまり，聞き手である研究者の力量や語り手である研究協力者との関係性によって得られるデータの質と量が異なってくるのです。より豊かなデータを得るためには，研究技法としての面接について知識と経験を蓄積していくことが必要でしょう。

5.1.3　**面接法の種類**

1.　**面接法の目的による分類**

　面接をその目的によって分類すると，**臨床面接**と**調査的面接**の2種類に分けられます（**図5.1**）。臨床面接は，アセスメントを行う診断面接と治療的

介入面接に分けることができますが，どちらもその目的はひとえに語り手である相談者の生活や心の状態の改善にあります。面接を申し入れるのはクライエント，すなわち語り手であり，面接という行為によってプラスを得るのも主に語り手の側です。一方，調査的面接においては，必要な情報を得ることを目的として聞き手である調査研究者が面接を申し入れ，プラスを得るのも主に聞き手です。心理臨床等の実践に携わる研究者の中には，時に，調査的面接を行っているはずがいつのまにか臨床面接になっている……という目的の混同が見られることがあります。自分がどのような目的のもと面接を行っているのかを忘れずに，面接に取り組まなければならないと思います。

図 5.1　面接法の目的による分類

　心理学研究法の基本を解説するという本書の目的に鑑み，以下においては，研究手法としての調査的面接についてのみ解説します。

2. 調査的面接の構造による分類

　面接の枠組みの固さという構造化の観点からは構造化面接，半構造化面接，非構造化面接の3種類があります。この順序で面接場面における自由度が低いと考えてもよいでしょう。

　構造化面接とは，あらかじめ順序や内容，言葉遣い（ワーディング。3.6参照）を決め，誰に対しても同じように質問するものです。国勢調査の戸口調査がその代表例です。一見すると，質問紙調査を口頭で行うだけのように思われますが，相手の理解度を確認しつつ回答を得られる点は，面接法ならではの利点を生かしていると言えるでしょう。

　半構造化面接では，質問項目は大まかにあらかじめ準備しますが，順序や尋ね方は研究協力者の話の流れに応じて柔軟に変えていきます。青年期の友

人との信頼関係認識について仮説的なモデル生成を行った水野（2004）の研究や，女性にとっての子育ての意味を女性自身の生き方や人生との関連で明らかにした徳田（2004）の研究等，心理学研究で多く用いられている面接スタイルです。

　非構造化面接は，もっとも自由度の高い面接であり，語りのきっかけとなる大きな質問を 1，2 つ準備するだけで，あとは研究協力者に自由に語ってもらうものです。ライフストーリー・インタビュー（やまだ，2007）や呉・南（2000）の自然場面での語り合いなどがあり，成功すれば非常に豊かなデータを得ることができます。非構造化面接は，研究協力者の経験世界を具体的なエピソードレベルで掘り起こすことに優れていますが，面接が散漫なものになりやすいですし，データも膨大かつ多様になるため分析も難しくなることが多く，研究者の力量が必要となるタイプの面接と言えます。

3. 1 回の研究協力者の数による分類──グループ・インタビュー法

　調査的面接には，1 人の研究者と 1 人の研究協力者が一対一で行う個別面接法と，複数の研究協力者を一堂に集めて行う**グループ・インタビュー法**という区分もあります。特定の研究テーマに基づいてグループが作られ，グループを構成した研究者が面接を進行させていくことが強調される際には「フォーカス・グループ・インタビュー」という用語が使われることもありますが（Vaughn et al., 1996），厳密に区別する必要はないでしょう。

　個別面接に比べてのグループ・インタビューの利点として，①場の雰囲気の日常性が高く研究協力者に安心感があること，②グループ内での相互作用が発言の連鎖的反応を雪だるま式に引き出せること，③すべての質問に答えなければならないという研究協力者への圧力がないため，自発的な反応が得られること，の 3 点が挙げられています（田垣，2007；Vaughn et al., 1996；安梅，2001）。グループ・インタビューは，マーケティング調査等ビジネス分野において長い歴史をもってきましたが，こうした利点が認識されるに伴い，近年心理学研究においても注目されている手法です。

5.1.4 面接法の留意点

1. ラポールの形成

　面接法が会話を基本とする研究手法である以上，基本的なコミュニケーションの技術は必須となります。何よりも研究協力者が話しやすいように，受容的な構えのもと，研究協力者の声に耳を傾け，共感を示し，「この人になら話しても大丈夫」という**ラポール**（＝暖かく親和的な信頼関係）を形成していくことは重要です。具体的には，面接開始時に礼儀をふまえたあいさつをし，適切に自己紹介を行うことで，研究協力者の緊張や抵抗を緩和するよう心がけます。また，会話の途中に適度にあいづちをいれたり，こちらからより内容を深めるような質問を適宜織り交ぜたりすることも有効でしょう。こうした態度は，研究協力者の話をしっかり聞いていますというメッセージになります。しかし，何よりも，研究協力者が貴重な時間を割いてくれていることへ深謝し，「貴重な情報をお話しいただいてありがとうございます」という気持ちをもって研究協力者に向き合う姿勢こそ，ラポール形成の根本でしょう。

2. 関係性の問題

　面接データが語り手と聞き手によって共同構築されたものであり，ラポール形成が重要であることは先述しましたが，関係が親しいほど豊かなよいデータが得られるとは限りません。もちろん，親しい人間関係にある相手にはいろいろなことを話しやすいのですが，反面，親しいがゆえに話しづらいこともあります。また，互いに暗黙の了解があり，あえて言葉にしなくても分かりあえてしまうこともあるでしょう。結果として，言葉にしないまま面接が進み，データとしては残らないことになってしまいます。得られる知見の質という観点からも，両者で共有されている事柄について深い理解を提示できるという利点は見込めますが，新しい見方を提示することは逆に難しくなることもあります。こうしたことは，当事者研究の意義と限界にもかかわるところですが，面接法による研究を行う上で心にとどめておく必要があります。

3.　倫理的配慮

　倫理とは「人として踏み行うべき道。道徳。モラル」（『明鏡国語辞典』）
と定義されます。つまり，研究プロセスにおいて守るべきモラルが研究倫理
ということになります。近年，心理学研究においても倫理的責任が厳しく問
われるようになりました。「研究」という衣をまとうと，通常ではけっして
踏み外さないような行為へと逸脱することがあり，人間を対象とする学問で
ある心理学研究，とくに面接調査研究では，生身の人間とのかかわりによっ
て研究協力者の心の世界をデータとすることから，倫理にはより一層の配慮
が必要となります。

　主な**倫理的配慮**としては，①研究内容に関するインフォームド・コンセン
ト，②個人情報の保護，③研究結果の公表の3点が挙げられます。

　まず，研究の実施にあたっては，大まかな面接所要時間を含め，研究協力
者へ研究目的を十分に説明し，同意を得なければなりません。研究途中での
参加とりやめを含めて，研究への参加・不参加を決める権利は研究協力者に
あることをしっかりと保障することはとくに重要です。

　研究協力者の実名を伏せ仮名やアルファベットにする，あるいは本質を損
なわない程度に内容を修正する等，個人が特定されないよう配慮することは
必須の手続きです。個人情報が含まれている逐語録やデータの管理にも十分
な注意を払うことは言うまでもありません。面接法では，引用データに含ま
れるちょっとした言葉のクセなどから，研究協力者が特定されてしまうこと
がありますので，結果の公表に際しても注意が必要となります。

　研究結果の公表については，公表前に研究協力者本人から事前チェックを
受けることが望ましいでしょう。それが難しくとも，研究開始時のインフォ
ームド・コンセント（4.6参照）の段階で，どのような場所でどのような形
で公表する予定であるのかについて了解を得ること，また結果のフィードバ
ック希望の有無についても確認し，研究協力者の希望に沿うよう心がけなけ
ればなりません。

　素朴なレベルで研究協力者に嫌な思いをさせないこと，自分が聞かれて嫌

だと思う質問，答えに窮してしまうような質問は基本的に控えること，といった研究協力者の基本的人権の尊重が倫理の根本であると言っても過言ではありません。心理学における研究倫理の詳細については，他書（安藤・安藤，2005；日本発達心理学会，2000；アメリカ心理学会，1996）をご一読ください。

4.　承　諾　書

　上記のような倫理的配慮をふまえ，また，研究者を守ることをも目的として，近年，面接調査に際しては，**承諾書**に署名してもらうことが原則となりました。表 5.1 は，筆者が実際に用いている承諾書の基本フォーマットです。実際の面接場面では，面接開始時に，研究協力者に承諾書を示しながら研究者が内容を読み上げて倫理面の確認を行い，協力を承諾していただいた方にはそのまま同用紙に自筆で署名をしていただくことにしています。表 5.1 の承諾書は詳しい部類にはいるものであり，もっと簡略なもの（たとえば，下の切取線以下の部分のみ）を用いる研究者もいます。自分の研究内容に適した承諾書を作成・使用すればよいと思います。

　かつては日本人には署名の習慣がなく，署名をすることへの心理的抵抗が大きかったのですが，クレジットカードの普及のためか署名そのものへの抵抗は今ではほとんど感じられなくなりました。署名を依頼することで気まずい思いをすることはなくなったこともあり，たとえ親しい関係にある研究協力者でも，こうした手続きを踏むことは必要でしょう。

5.2　調査的面接法の基本プロセス

　心理学研究には，①問いを立てる，②データを収集する，③データを分析する，④研究結果をまとめる，という 4 つの要素がそのプロセスに含まれています。調査的面接法を用いた研究も，この 4 つの要素を大枠とし，**図 5.2** に示した基本手順によって進められます。質的分析を行う場合には，初期の研究計画を立てた後，データ収集と分析が同時に行われ，時には研究計画も

表 5.1　承諾書の例

年　　　月　　　日

研究へのご協力のお願い

研究調査協力者のみなさまへ

　このたびは，お忙しい中，ご協力いただき，ありがとうございます。
　本研究プロジェクトは，○○大学大学院に所属しております△田□夫と○山×子の共同研究として行われるものです。皆様からお話いただいた内容は，研究のための貴重な資料としてのみ使用いたします。
　面接にご協力いただくにあたり，いくつか確認させていただきたく存じます。

1．面接へのご参加はあくまでも任意であり，みなさまには回答を拒否する自由がありますし，途中でやめていただくこともできます。
2．お話いただいた内容は，逐語録という形で文字化いたしますが，録音テープおよび文字化された資料は，厳密に保管され，研究チームメンバーしか利用しません。また，ご希望があれば，いつでもそれをご覧いただくことができます。
3．お話いただいた内容は，研究論文中に直接引用され，学術論文や学会発表資料としてのみ公開されることがあります。その際には，みなさまのお名前や個人的特徴などの個人情報には十分配慮し，個人が特定されるなど，みなさまの不利益になることのないように十分注意することをお約束します。
4．面接時の録音テープおよび文字化された資料は，研究終了後は責任をもって処分いたします。

　以上のことをご了承のうえ，面接のご協力および面接時の録音・資料の利用をご承諾いただけますでしたら，下にご署名をお願いいたします。
　趣旨をご理解いただき，ご協力をどうぞよろしくお願いいたします。

○○大学大学院△△研究科　△田□夫・○山×子
連絡先／住所：東京都○○区△△ 1-1-1
電話：00-0000-0000
e-mail：chousa_interview@yahoo.co.jp

承　諾　書

　○○大学大学院△△研究科の△田□夫・○山×子が，上記研究プロジェクトにかかわるわたしへのインタビューを録音し，その文字化したデータを十分な配慮のもと，上記の目的で使用することを許可します。

年　　　月　　　日

お名前

※調査報告書の送付を希望　　する・しない　（どちらかひとつに○をつけてください。）
↓
送付先ご住所＿＿＿＿＿＿＿＿＿＿＿＿＿＿＿＿＿＿＿＿＿

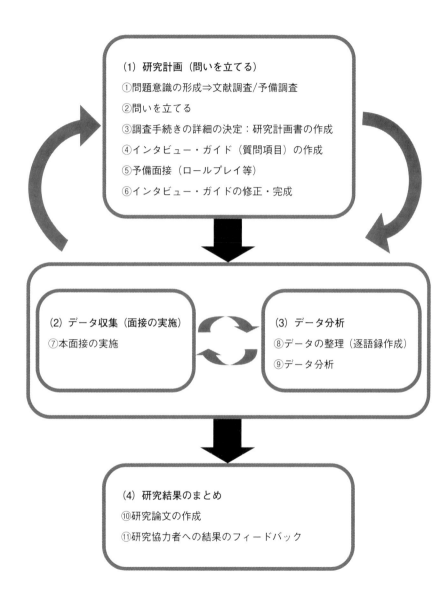

図 5.2 面接研究の基本プロセス

修正され，修正された計画のもとにさらなるデータ収集と分析がなされることになります。質的分析の詳細については後述することとし，以下，基本手順に沿って研究プロセスをたどってみましょう。

研 究 計 画

5.3.1　問いを立てる

　研究の成否は「問い」で決まると言っても過言ではないくらい，どのような問い（＝**リサーチ・クエスチョン**。2.6 参照）を立てるかは研究において重要なポイントです。

　問いには，仮説検証型の問いと仮説生成型の問いの 2 種類があります。**仮説検証型**の問いは，問題にかかわる社会的状況や，既存の有力な理論から仮説を導き出し，その仮説の採否を問うものです。一例として，「中学生の不登校傾向は幼少期の両親への愛着と関連があるのではないか」（五十嵐・萩原，2004）という問いが挙げられます。

　一方，**仮説生成型**の問いは，既存の有力な理論もなく，確立した研究パラダイムもない領域において立てられる問いであり，現象そのもののありようを問うものです。面接法や観察法による構造化されないデータによってアプローチすることが適しているとされています。研究者の枠組みにとらわれない情報を広く収集し，そこから，ボトムアップ式に知見を立ち上げながら理論的位置づけを確認し，結論として新たな仮説を提示します。貴戸（2004）の「不登校経験者は自らの不登校経験をどのようなものとして意味づけているのか」はその一例です。

　面接法はどちらのタイプの問いにも適用可能ですが，どちらかというと仮説生成型の問いへのアプローチとして採用されることが多くなっています。

　問いは，研究当初から上述のような絞られた形をとっていることはあまりありません。多くの人の研究の出発点は，もっと幅広い領域に関する漠然とした問題意識（例：不登校に関心があるので取り組みたい）ではないでしょ

うか。研究とするためには，自分なりに批判的な文献検討や予備調査を行い，そうした漠然とした問題意識を問いに絞り込むことが必要になります。そのうえで，その問いに答えるためにはどのような手続きの調査が適切であるか，研究の実現可能性や研究倫理，時間的制限を考慮しながら，研究協力者のサンプリング方法，人数，面接場所等の具体的な手続きを決め，研究計画書を作成します。そして，この段階で一度，指導教員やゼミ仲間からコメントをもらい，研究計画として道筋が通っているかどうかを協働的に吟味するとよいでしょう。

5.3.2 インタビュー・ガイドの作成

1. 質問の種類

調査手続きを固めるのとほぼ並行して暫定的な**インタビュー・ガイド**（質問項目，インタビュー・スケジュールとも呼ばれます）を作成します。初心者にとっては，インタビュー・ガイドの出来・不出来が得られるデータの質を左右することになりますので，インタビュー・ガイドをよく練ることはとても重要になります。では，何をどのように尋ねるべきなのでしょうか。

面接における質問は，その内容に応じて次の6種類に分類されます（Patton, 2002）。

（1）経験・行動を問う質問（Experience/Behavior Questions）

観察可能な行動レベルの事実を尋ねる質問であり，研究協力者にとっては答えやすいものです（例：典型的な1日の流れを簡単にご説明ください／スクールカウンセラーの仕事を具体的に教えてください）。

（2）意見・価値観を問う質問（Opinion/Values Questions）

判断・信念・考えなどの研究協力者の考えを尋ねる質問であり，研究協力者にとってはやや答えにくいものです（例：安楽死についてどのようにお考えですか）。

（3）気持ち・感情を問う質問（Feeling Questions）

経験や現象についてどのような感情をもっているのか尋ねる質問であり，

形容詞で回答されることが期待されています。研究協力者にとっては答えにくい質問です（例：そのニュースを聞いたとき，どんな気持ちがしましたか）。

(4) 知識を問う質問（Knowledge Questions）

研究協力者が持っている事実情報を確認する質問です。取調べやテストのようになってしまうと研究協力者の抵抗を高めてしまう恐れがありますので尋ね方に注意する必要があります（例：A施設で利用可能なサービスについてご存じのことを教えてください／毎年何名くらいの生徒が相談に来るのですか。だいたいで結構ですので，教えてください）。

(5) 知覚の質問（Sensory Questions）

「何を見る（見た）？」「何を聞く（聞いた）？」という研究協力者の知覚に関する質問です（例：そのとき，何か聞こえてきましたか。どんな音が聞こえましたか）。

(6) 背景の質問（Background/Demographic Questions）

年齢・職業など研究協力者の基本情報について尋ねる質問であり，研究協力者にとっては答えやすいものです。フェイス・シート項目とも呼ばれます。「簡単に自己紹介をお願いします」のようにオープンに尋ねて，研究協力者自身がどのようなカテゴリーで自らを語るかを探ることも可能です。ただし，この質問を長々とすると，研究協力者が退屈してしまう，もしくは個人情報へ踏みこまれるように感じられて警戒されることがありますので，必要なことのみを尋ねるように心がけます（例：失礼ですが，おいくつでいらっしゃいますか／どのようなお仕事をされているのですか）。

もちろん，これら6種類すべてを1つのインタビューに万遍なく盛り込まなければならないということではけっしてありません。こうした区分を頭に入れながら，インタビュー・ガイド作成において，自分がどのような質問をしているのか，研究目的に適した質問をしているかを検討することが肝要なのです。

2. インタビュー・ガイドの構成

インタビュー・ガイドは，上記（6）の背景の質問（＝フェイス・シート項目）と研究目的に応じた内容に関する質問から成っています。背景の質問をインタビューの最初に入れるか，最後に入れるかはケースバイケースであり，必ずしもどちらがよいと決まっているわけではありません。しかし，筆者の経験からは，最初に聞いておけば，研究協力者の背景に応じて質問の仕方などを柔軟に変えることができ，面接をより有意義なものとすることができると感じています。

質問の順序については，一般に，答えやすい質問から始め，意見や感情などの答えにくい質問へと進めていくほうが望ましいとされています。面接開始直後は研究協力者も緊張しており，「きちんと答えられるだろうか」と不安を感じていることも多いものです。まずは簡単に答えられる事実レベルの質問から始め，心理的抵抗をやわらげることは，研究協力者への配慮であるとともに，よいデータを得るという点からも大切なことでしょう。

質問の順序に関する注意点として，キャリーオーバー効果があります。たとえば，「老人の一人暮らしと老人性うつ病の発生の関連が指摘されているのを知っていますか？」という問いかけのあとで，「若者にとって一人暮らしの経験はどのような意味をもつとお考えですか？」と尋ねると，自立などのポジティブな回答よりも孤独感やうつ病，生活の乱れなどネガティブな内容が引き出されやすくなります。このように，前の質問が後ろの質問の回答に影響することを**キャリーオーバー効果**と呼びますが，キャリーオーバー効果が生じないよう，質問項目間の影響を考慮することもチェックポイントの一つです。

また，全体として質問が論理的・体系的に構成されていることも大切です。話題があちこちに飛んでしまうと，研究協力者はとても答えにくくなってしまいます。インタビュー・ガイドの段階で，同じテーマの下にサブ・テーマを設定するなどして，関連する内容の質問はある程度まとめると筋道が通りやすくなります。

　そして，研究協力者の負担をできるだけ軽減できるよう，質問は必要最低限に抑え，研究目的に照らして不要な質問は削除することも忘れてはならないでしょう。ただし，面接内容が研究協力者のネガティブな側面にふれるときは，暗い気持ちで面接を終えないよう，研究目的とは関係なくても明るい雰囲気となることを意図した質問を最後に2〜3つ投げかけることは，研究倫理の一環とも言える当然の配慮です。

3.　質問項目のワーディング

　ワーディング（3.6参照）の際の基本的な事項として，失礼のない言葉遣いになっているか，差別用語・偏見を感じさせる言葉を用いていないかには十分な注意を払いたいものです。また，「アイデンティティ」や「愛着」などの心理学用語は，心理学を専門とする者にとっては日常語同然であっても，一般の研究協力者にとってはなじみのない難解語です。何気なく心理学用語を使っていないか，よく考えて質問項目を練る必要があります。

　質問の形式は，Yes-No で答えられる**クローズド・クエスチョン**ではなく，「何が」「どのように」を尋ねる**オープン・クエスチョン**のほうがより豊かなデータを得ることができます。問いかけの仕方も，できるだけ中立的な問いかけを心がけ，「この悲惨な事件についてどう思われますか？」のように面接者の価値判断が色濃く反映され，研究協力者の答えを誘導するような質問は避けるべきです。

　理由を尋ねる「なぜ」「どうして」という質問にも注意が必要です。「なぜ」という問いかけは，批判的なニュアンスをもつことがあるからです。「そう思われるようになられたのは，何かきっかけになるご経験や出来事があったのでしょうか。よろしければどのようなことがあったのかお聞かせください」のように，質問の仕方を工夫することで，批判的にならずに理由を聞き出すことができます。

　その他，質問紙調査法において質問項目作成時の留意点として挙げられる「二重否定の質問は避ける」「1つの文で一度に2つ以上のことを尋ねないようにする」等（3.6参照）は，面接法においても同様です。

4. 質問のテクニック

　実際の面接は，インタビュー・ガイドに列挙した質問だけで進むことはけっしてありません。研究協力者が質問を理解していないと感じられたり，答えにくそうな様子が見られたりしたとき，または，研究協力者の語りをより深いレベルで引き出したいときには，プローブ・クエスチョンと呼ばれる質問テクニックを用います。

　プローブ・クエスチョン（探りを入れる質問）には，「○○についてもう少し詳しくお話しいただけませんか？」のように研究協力者からさらなる情報を得るための補完的追究をする質問，「クラス運営が大変だなと感じられたときの具体的なエピソードがあれば，お聞かせいただけますか？」のように回答の意味を明確にするために具体的な経験レベルについて尋ねる質問，「もしオープンキャンパスであなたの大学のよさを高校生に紹介するとしたら，何と言いますか？」のように仮説的な状況を設定して尋ねる質問があります。仮説的に尋ねる質問は，シミュレーション型質問とも言われ，上述の例であれば「あなたの大学のよさを教えてください」という抽象的な質問と比べて，より具体的に考えることができる分，研究協力者は答えやすくなると考えられています。

　また，研究協力者が回答に困っている様子が見られたり，沈黙してしまったりしたときのために，回答を促す言葉をあらかじめ考えておくとよいでしょう。「些細なことでもよいのですが……」「ちょっと質問の仕方がよくなかったかもしれませんね（質問を言い換えてみる）」など，自分が口にしやすいフレーズをいくつか準備しておくと，いざというときに助けになります。

5.3.3 予 備 面 接

　暫定的なインタビュー・ガイドができたら，友人にお願いして研究協力者の役割を演じてもらうロールプレイなど**予備面接**を行うことをお勧めします。面接は場数を踏むほど上手になると言われます。予備面接は，面接の練習になると同時に，答えにくい質問形式になっていないか，インタビュー・ガイ

ドの全体的な流れはスムーズか等についてのチェックにもなります。予備面接の研究協力者のコメントを活かしてインタビュー・ガイドを修正し，本面接に臨みたいものです。

5.4 データ収集の実際

5.4.1 事前準備

　面接へ出かける前には，プリント・アウトしたインタビュー・ガイド2部，承諾書2部，録音機器，筆記用具，記録用紙を準備します。インタビュー・ガイドは自分用と，面接場面で研究協力者からガイドを見ながら話したいというリクエストが寄せられた場合に対応できるように予備としてもう1部準備しておくとよいでしょう。承諾書も，研究協力者から署名をいただく分に加えて，その場で研究者も見ながら対応できるように2部準備します。

　ICレコーダー等の録音機器は，必ず事前に動作状況をチェックし，電池は新しいものに入れ替え，予備の電池も持参するほうがよいでしょう。面接直前にも，研究目的とインタビュー・ガイドを復習して，頭に入れておくことも心掛けておきたいところです。面接の途中で録音機器の電池がなくなる等の不具合が起きたり，研究者の側が緊張のあまり頭が真っ白になったりすることはけっして珍しいことではありません。貴重な面接の機会を台無しにしないよう，準備は入念にしておいてしすぎることはないのです。

5.4.2 あいさつ

　実際に顔と顔を合わせての面接は，当然のことながらあいさつから始まります。一対一の初対面の面接であれば，研究協力者と面接を行う研究者の双方が緊張するのは当然です。緊張感をできるだけ和らげるよう，ゆったりとしたテンポと雰囲気のスムーズなあいさつで面接をスタートしたいものです。あいさつの練習も事前にしておくとよいでしょう。

　あいさつでは，まず貴重な時間を割いていただくことへの感謝を伝え，簡

単な自己紹介を行います。調査目的・意義・質問内容・おおよその面接所要時間・録音の許可・倫理的配慮事項については，多くの場合，面接申し入れ時に説明がなされ，了解済みのはずですが，インフォームド・コンセントの観点から，面接開始時に再度しっかりと説明し，同意をもらうことは欠かせません。表5.1のように，調査目的・倫理的配慮等を承諾書に書き込んでおき，この段階で一緒に読み合わせ，署名をもらうという手続きは合理的かつ自然ですので，おすすめしたいと思います。

5.4.3 面　　接

　あいさつの後は，インタビュー・ガイドを適宜参照しながら面接を進めていきます。このとき，録音機器のスイッチが入っているかどうか再度確認してください。面接開始時は緊張のあまり，録音機器のスイッチを忘れることがあります。あいさつの段階で録音の了解が得られたら，その場ですかさずスイッチを入れるようにすると，録音忘れを防ぐことができるでしょう。

　面接中は，メモをとりながら聴くのが一般的ですが，メモをとるのに一生懸命になりすぎて，口述筆記のようにならないようにしましょう。メモをとることよりも，話を聴くことのほうが大切であることは言うまでもありません。面接は，質問の順序にはこだわらず，研究協力者の語りの流れに沿って進められていきますが，得たい情報をしっかりと得ることは必須のことです。面接者がしゃべりすぎないこと，批判や勝手な解釈は控えることをこころがけながら，研究協力者から「教えていただく」スタンスで聴いていくことが肝要です。

　面接終了時には，何か話し足りないこと，研究者への質問はないかを確認し，今後の研究の進行予定を簡単にお伝えします。貴重なお話をしていただいたことへの心からの感謝を伝えて，面接を終えます。

5.4.4 直後メモの作成

　面接が終わったら，すぐに直後メモを作成するとよいでしょう。直後メモ

には，研究協力者の表情やしぐさ等の録音テープには残らない視覚的情報や，研究者が得た主観的印象，面接中に思ったことや気づいたことなど何でもメモとして残しておきます。時に，録音機器を切ったあとに，リラックスして重要なことが語られることがありますが，そうした情報についてもよく注意を払って聴いておき，直後メモに記しておくとよいでしょう。

5.5　逐語録の作成

　データ収集後は，分析資料とするために，面接の音声データを文字化する作業を行います。文字化したデータは**逐語録**または**トランスクリプト**と呼ばれ，いろいろなスタイルがありますが，一般には，言い間違い・言いよどみも含めて面接で語られた言葉を一言一句文字におこしたものを指します。逐語録は，面接場面が生き生きと再生されていることが目指されます。

　逐語録の作成は，かなりの時間と労力を要する作業です。もとの面接データが10分であれば，その5倍の50分はかかると考えたほうがよいでしょう。しかし，時間と労力をかけるだけの大きな収穫もあり，逐語録作成作業をする中で，データの詳細かつていねいな読み込みが進み，さまざまな気づきへとつながります。こうした気づきは，後の分析段階において大きな力を発揮しますので，こまめにメモとして記しておくとよいでしょう。

　逐語録にはいろいろなスタイルがありますが，一例を**表5.2**に示しました。**表5.2**は，院内学級教師のS先生に教育実践について尋ねた面接のうち，「どのように家庭との連携をとっていますか」という問いと回答部分です。表中にある番号は面接中の発話の順序を示しており，「T46」は面接を行った研究者Tの46番目の発話であることを示します。こうした番号は必須ではありませんが，後の分析段階で発話部分を示す際に便利ですので，番号をふっておくとよいでしょう。また，逐語録を一見してわかるように，研究者Tの短い問いかけに対して，研究協力者のS先生が多くを語っています。こうした話量のバランスのパターンをもつ面接からは，豊かなデータが得られ

ていることが多く，基本的によいパターンであることも心に留めていただければと思います。

表5.2 逐語録の例

※逐語録中の T は研究者，S は研究協力者。

T46	： あと今度はちょっとご家庭との連携っていう観点からなんですけれども，と，保護者の方との連携もすごく大切だと思うんですが，具体的にはどのような形で連絡をとってらっしゃいますか。
S46	： うんとね，低学年のときはやっぱり，あれですよね，どうしてもプライバシーが，こぅあるんで，学級通信とかあたしも色々出したんだけど，あんまり調子が悪くなると書けなかったりとかして，どうしても連絡帳がやっぱり中心にならざるを得なくなっちゃう。
T47	： 連絡帳ですね。
S47	： 連絡帳と，やっぱり学級通信っていうのも一応出すんですけれども，行事のときはどうだったとか，やっぱりそういうふうなこぅ，かと言ってね，あのぉみんなばらばらじゃなくて，ひとつの，せっかくひとつのクラスで学んでるっていうんで，やっぱりそういうクラスの輪みたいなところをね，大切にしたいなっていうふうに思うので，で，子どもの様子なんかも親御さんたちにこぅ伝え合うっていうか，そういうふうなところで，まぁ，やってますよね，で，そうですね，だけどやっぱりかなり込み入ってくると，やっぱり，あのぉ直接行ってお話するっていうことが，一番手っ取り早いですよね（ウンウンウン）。病棟にこちらが出向いていって，話をする，で，毎日学習の様子とかも伝える，その他あれですよね，ただ，あんまり大きくなってくると今度はほら，なんか，いちいちこぅ自分のこと書かれてるっていうのも，子どもにとってもね，どうなのかなぁみたいなところもあって，やっぱりちょっと，まとめて書いたりとか，3年生ぐらいになったりとかすると。
T48	： 高学年になると，低学年ほどの，ま，こと細かには書かなくなるっていう感じですね。
S48	： そーうだと思いますよね。まぁあたしは多分高学年になったら，子どももやっぱり，なんかその，家庭家庭あるでしょうからね，ただ，小さいときはまだ子どもから伝わる情報っていうのが不十分なんで，その辺のフォローをやはり，連絡帳を通して……みたいんところじゃないですかねぇ。

5.6　面接データの質的分析

　面接データの分析は量的・質的どちらも可能ですが，心理学界では1990年代にはじまる質的調査法の隆盛から，近年は半構造化面接やライフストー

リー法など構造化の度合いの低い面接によって収集したデータを質的に分析する研究が数多く発表されています（たとえば能智，2003；田垣，2004）。本節では，面接データの量的分析法については他書にゆずり（保坂・中澤・大野木，2000），質的分析法についてのみ紹介していきます。

5.6.1　質的分析の特徴

1.　データ収集との同時進行

　質的分析の第1の特徴は，分析がデータ収集と同時進行することです。量的分析は，データ収集がすべて終了した後，全データを対象に一気に行われます。しかし，質的研究においては，データ収集しながら分析を行い，その分析結果をふまえつつ次のデータを収集し……とデータ収集と分析を繰り返しながら，研究が進行します。次にどこからデータを収集するのか，何を質問するのか等の研究手続きも，あらかじめ決めておいた研究計画通りに粛々と遂行するというよりも，分析結果に応じて柔軟に決められ，当初の計画が問いの段階から修正されることもあります。「研究計画→データ収集→データ分析→研究結果のまとめ」の各プロセス要素が順次直線的に進められるのではなく，要素が循環的に繰り返されながら，らせん状に進められていくのです（図5.2参照）。

2.　意味の読み取り

　質的分析において重要なことは，面接データを通して研究協力者の世界の意味を読み取るということです。意味とは，辞書的には「記号（特に，ことば）の表す内容。ある表現や行為によって示される内容」（『明鏡国語辞典』）と定義されています。たとえば，「コーヒーをもう一杯いかがですか？」との問いかけに対して「結構ですね」という回答があったとき，質問者は一瞬戸惑い，「それは『ほしい』という意味ですか？　それとも『いらない』という意味ですか？」とその「意味」を問い直すこともありそうです。この場合の「意味」とは，「結構ですね」という言葉で表現された回答者の真意のことであり，先の例ではそれが不明瞭であったため，確認しているのです。

面接研究においても同様であり，意味の読み取りとは，逐語録に記された研究協力者の語りの字面を整理・分類するのではなく，言葉の背後にある重要で本質的なものを発見していくことなのです。

3. 文脈の重視

　質的分析のもう一つの特徴はデータの文脈を重視することです。前述の意味の読み取りのためには，その言葉が「誰によって，いつ，どのような状況で語られたのか」を考慮することが欠かせません。たとえば，「たのまれごとを断る」というエピソードが語られたとき，その断った人が，常日頃から人からの依頼はすべからく断り自分のことだけやるタイプなのか，いつもは人のために喜んで働く人が珍しく断っているのか，あるいはその断ったときその人がとても多忙でこれ以上何かを引き受けることは物理的に不可能な状況だったのかどうか等によって，その行為がもつ意味の解釈は当然異なります。当該の行為・言葉だけを切り取って，その意味を読み取ろうとしても貧しい理解しかできないことは明らかです。研究協力者の日常的な姿も含め，前後の文脈をその読み取りに活かしてこそ深い読みが可能となるのです。

5.6.2　質的分析のプロセス

　質的分析法は，グラウンデッド・セオリー・アプローチ（Glaser & Strauss, 1967；Strauss & Corbin, 1990）を源としつつ，多様な研究者が，自らがよってたつ理論的背景に応じる形で多様な手法を提案しています。日本においても，社会福祉学領域で開発され心理学でも盛んに用いられている「修正版グラウンデッド・セオリー・アプローチ（M-GTA）」（木下, 1999）など多様な方法が存在します。しかし，データの解釈が分析の中心となること等，質的分析としておさえなければならない基本的な手続きには共通点があるとされています（Flick, 1995；能智, 2011）。ここでは，個別の各手法についてではなく，面接データに根差した理論を構築するための基本的な分析手続きについて解説します。

1. データ全体の流れの理解

　質的分析の第 1 段階は，データ全体を読みこみ，語りの流れを把握することです。質的分析におけるデータ解釈においては，ややもすると一言一句の細かい言葉に気をとられ，研究協力者が全体として何を語っているのかという全体としてのストーリーを見失ってしまうことがあります。まさに，「木を見て森を見ず」となってしまうのです。それを防ぐためにも，語り全体を読み，全体像を把握することを分析の第 1 段階として挙げたいと思います。このとき，語ってくれた研究協力者ごとに A4 判の用紙に半分くらいの語りの要約を作成してもよいでしょう。語り全体を読むことで，語りの文脈を理解できますし，印象に残る言葉や繰返し語られる言葉にも気づきやすくなるという利点もあります。

2. データの切片化

　次に，面接データを意味のまとまりをもつ小部分に切り分ける**切片化**の作業を行います。どのくらいの長さのまとまりに切り分けるかについては，1 行ごとあるいは 1 段落ごとのような，はっきりとした決まりがあるわけではありません。問いを検討する上で相応しい長さと考えればよく，研究目的やよってたつ方法論的立場により異なります。

3. データにコードをつける（概念化）

　次に，切り分けた切片に，その切片の内容を端的に表す言葉をコードとしてつけていく**コーディング**を行います。切片部分に「ラベル」「タイトル」または「見出し」をつけていく作業と考えるとわかりやすいかもしれません。

　表 5.3 は，「20 代女性にとって "掃除" はどのような意味をもっているのか」との問いのもと，データ収集・コーディングをした例です。「掃除」という日常的な家事が 20 代女性の生活の中でもつ隠れた意味を問い直してみようという問いです。筆者がコーディングを行う際は，この例のように，右側余白を広めに設定して逐語録をプリントアウトし，そこにコードやメモ書きを記入しています。研究協力者の語り部分「何か課題が出てるとき。課題をやりたくないから掃除する…（中略）…そっちに走る」を 1 つの切片とし，

この切片の中には，「やりたくない課題から逃げだす手段もしくは言い訳として，本来的に好ましいと判断される行為である"掃除"をする」という研究協力者の「掃除」への意味づけが込められていると解釈し，「課題からの逃避」というコードをつけています。

表5.3 コーディングの例

【逐語録】	【コード】
T25：こういう気分のとき掃除しようかなとかっていうのはありますか。	
K25：えっと，たとえば，<u>何か課題が出てるとき。課題をやりたくないから掃除する（笑）。なんか，現実逃避的な掃除（うんうん）。なんだろ。今これをやらなきゃいけないんだけど，なんか，その気分じゃないんだよなあって思ったときに，あー，何しようかなーって思って，ふっと，なんかほこりが気になったり（笑），すると，そうだ，私は今掃除をしなきゃいけないって思い込んでそっちに走る（笑）。</u>	課題からの逃避
T27：じゃ，そんな感じで掃除をしてて（うん），そうじが終わったら（うん）どんな気分になりますか？	
K27：終わったら，<u>やればできるじゃん，私（笑）。（あ，じゃ，掃除の達成感）掃除嫌いなのに（うん），なんか，そんな好き嫌いって言ったら嫌いで（うん），めんどくさがりな人間だから，だから，なんだ，私やればできるじゃん，ていう（笑）。</u>そう。でも基本的には<u>やっぱりすっきりするかもしれない。うん，すっきりして，</u>で，なんだろ，<u>課題から逃げて掃除をしてたら（うん），やべえ，なんか，気持ちもすっきりした状態で，よしやるぞって思ったりとか</u>（ほう）。うん。だから<u>気分転換</u>なのかもしれない（うん）。うん。そう，なんか<u>現実逃避</u>できるものでもあり，<u>気分転換</u>できるものでもあり。なんか，あとは<u>自分をそう，いい状態に気分をもっていく，いけるような（手段）</u>。でもきれいにならなかったらそうはならない（笑）。いつまでもたっても終わらない，かったら，気分沈んだまま課題やらなきゃとか。になるけど（あー），<u>掃除次第で気分が変わる</u>みたいな。	有能感／達成感 爽快感 課題への動機づけ 気分転換 現実逃避 気分転換 気分の上方修正 気分転換の契機

コードをつける際には，「適応機制」「アイデンティティ」等，いきなり抽象的・理論的な言葉をあてはめて用いるよりも，上の例のようにデータの具

体性からあまり離れすぎない言葉，生のデータの生き生きとした息吹を残す言葉のほうがよいでしょう。研究協力者の語りの言葉をそのまま援用したコードはイン・ビーボ（in vivo）コードと呼ばれ，研究協力者の内的世界をよく表すコードと考えられています。**表5.3**の例であれば，「気分転換」や「現実逃避」は，イン・ビーボ（in vivo）コードです。

　こうしたコーディング作業は1度だけ通して行ってコードが決定するというよりも，何度か繰返し行うのがふつうです。コーディングを進めるうちに，逐語録の初めのほうにつけたコードとは別のコードが浮かんできて，コードをつけ直すこともよくあります。ですから，コーディングを始めたときは，できるだけ発想を豊かにし，1つの切片に複数のコードをつけてもかまわないのです。狭められた発想を後の分析段階で広げることは難しいですが，多様かつ多数のコードを絞り込んでいくことは可能だからです。

4.　問いと関連のある切片の特定

　コーディングの後は，問いに対応した部分を特定する作業を行います。初学者の中には，切り分けたすべての切片，コーディングしたすべてのコードをもれなく使って結論へと収束させなくてはならないと思いこんでいる人がいます。1人の人の語りには，多様なトピックが含まれているものであり，それらも含めてすべてを収束させようとすると，どうしてもまとまらなくなってしまいます。すべてを使おうとするのではなく，問いと関連のある切片及びコードを特定することは，研究として一つの結論を得るためには，必要なステップなのです。

5.　カテゴリーの生成

　前ステップで絞り込まれたコードを比較し，似たものをまとめてグループを構成します。これが質的分析における**カテゴリー生成**です。比較にあたっては，エクセルなどの表計算ソフトを用いてコンピュータ上で行うこともあれば，コードのみを書きだした小型のカードを使ってKJ法（＝アイディアをカードに書きだし，それをグループ化してまとめていく手法）の要領でまとめることもあります。いずれにせよ，類似性が高いと思われたコードをま

とめていき，まとまってきたらそのグループに分類されたコードに共通する特徴や属性を考察し，グループに名前をつけるのです。このとき，質問別にコードをまとめてカテゴリーとしてしまう初学者がときどき見られます。**表5.3** の例であれば，「掃除をしたくなる気分について」の質問に対する全研究協力者の回答をまとめ，カテゴリー名として「掃除をしたくなる気分」とつけて分析結果として提示されることがあります。しかし，これは好ましくありません。質問ごとに回答内容をまとめるのではなく，全研究協力者の語り全体から得られたすべてのコードをばらばらのものとして扱い，そこから似ていると思われるコードをまとめあげていくのです。ふたたび **表5.3** の例であれば，「課題からの逃避」と「現実逃避」をまとめて，「やらなければならないことからの逃避手段としての掃除」という特徴をもつ「現実逃避」というカテゴリーを生成することができます。このように，カテゴリー名は，含まれるコード名をそのままつけてもかまわないですし，新しい言葉を使ってもかまいません。重要なのは，カテゴリーの特徴をよく反映するような命名をすることです。

6. カテゴリー間の相互関係の考察

　次のステップでは，前ステップで生成されたカテゴリー同士を比較し，その相互関係について考察します。このとき，生成されたカテゴリーのみを素材として考察するのではなく，今一度，コードや生の語りデータにたちかえり，カテゴリー間の関連性を示唆するような語りがないかどうか見直すことも必要になります。

　また，カテゴリーの中で中心的な位置づけをもつと考えられる中核カテゴリーを発見し，その中核カテゴリーを中心にカテゴリー間の関係性を考察することもあります。小倉（2005）は，特別養護老人ホーム入居者たちの不安や不満が，それぞれ言葉は違っても，入居後に確立した個人生活のパターンが乱されることに源があることを見出し，「個人生活ルーティン」を中核カテゴリーとして分析をまとめています。

　生成されたカテゴリーを用いて研究協力者間の比較をすることもあります。

生成されたカテゴリーは，データからボトムアップに構成されたグラウンデッドな（＝データに根差した）分析枠組みです。この枠組みを使って，どういう人の語りにどのカテゴリーが含まれ，あるいは含まれないのかを検討し，研究協力者間で比較を行う中でカテゴリー間の関連を考えていくのです。乳幼児をもつ母親 23 名への半構造化面接により，断乳という子育て上のイベントが母親たちにとってどのように経験されているのかを検討した坂上（2003）の研究では，ボトムアップに構成されたカテゴリーを用いて表にまとめ，母親間で比較を行っています。カテゴリーを出したところで研究に行き詰まった場合に参考にしたいすぐれた手法です。

7. 研究の結論として仮説・モデルの提示

　分析の最終段階は，結論としての仮説・モデルを立ち上げることです。前ステップで見出されたカテゴリー間の関係をモデル図として表したり，ケース間比較から見えてきたことを仮説として提案します。こうして提案された仮説やモデルは，データに根差した仮説的理論であるという意味で**グラウンデッド・セオリー**と呼ばれます。

5.6.3　質的分析の妥当化──メンバーチェック

　質的分析には，「客観性に欠ける」との批判がついてまわります。質的分析は，研究者の主観を軸に分析を進めていくため，解釈の恣意性が疑われるのです。この批判にこたえるために行われるのが，メンバーチェックです。メンバーチェックとは，「回答者へのフィードバック（respondent feedback）」または「メンバーによる妥当化（member validation）」（King & Horrocks, 2010）とも呼ばれ，研究者が研究協力者に分析結果をフィードバックし，研究者の解釈が研究協力者の生きた経験にどのくらい合致しているかどうかを尋ねるものです。分析のどの段階で妥当化の手続きを踏むかにはとくに決まりはありません。現実の事情や研究目的等によって柔軟に決めていけばよいでしょう。

5.7　論文執筆の留意点

5.7.1　厚い記述

　結論が得られたら，いよいよ論文としてまとめます。面接法を用いた質的分析調査では，研究協力者の世界を読者が追体験し，理解できることに重きが置かれます。そのために，生の語りを証拠として適宜引用しながら論をすすめていくことになります。そのとき，研究協力者の世界をていねいかつ詳細な厚い記述によって，生き生きと提示することが重要になります。

5.7.2　知見の理論的位置づけ

　論文においては，得られた知見のどこが先行研究と整合的であり，どこが独自な点なのかを明らかにする必要があります。提示された知見がどんなに独創性に富み，実践的有効性を備えるものでも，こうした理論的パースペクティブの希薄な論文は，研究論文としての価値は低くなってしまいます。固有の面接データから得られた知見を，既存の学問体系の中に位置づけることは，研究論文である以上忘れてはならない大切な営みです。

5.7.3　リフレクシヴィティの記述

　面接研究においては，研究プロセス中の研究者効果（＝研究者の存在がデータや分析過程・研究知見に与える影響のこと）・対象者との関係性・研究テーマへのスタンス等，研究者自身の位置づけについて自覚し，論文にもそれをきちんと記述することが求められます。リフレクシヴィティとは，研究対象と研究者自身の関係性を意識化し，その関係性がデータの解釈へとのように影響しているのかについて自覚することです。研究は常に特定の立場から現象と向き合ってなされるものです。研究者が研究協力者とどのような関係性にあるのか，また，研究者が研究テーマに対してどのようなスタンスをもっているのかは，収集されるデータや解釈の質に大きく影響します。その関係性やスタンスについて，予想される偏りや歪みの可能性も含めて方法の

章に記載することは，提示された研究結果が，どのような立場の研究者が
「生のデータ」と向き合った末にくみ取られたものなのかを明示することに
もなります。質的分析によって出された結果は普遍的なものというよりも一
つの可能性としての結果です。だからこそ，データや解釈の質に関する判断
材料を読み手に提示することが必要なのです。

5.7.4　研究協力者への適切なフィードバック

　論文が書きあがったら，研究協力者へ結果のフィードバックを行います。
フィードバックにあたっては，研究協力者に理解しやすい形式を心がけたい
ものです。分厚い修士論文や博士論文をそのまま送付してフィードバックと
することがよく見受けられますが，必ずしも適切な方法ではないでしょう。
学術論文は研究者以外には難解で読みにくく，結局形ばかりのフィードバッ
クになってしまうのです。内容をわかりやすい表現に直した短縮版を添える，
あるいは口頭でも説明する等，研究協力者の立場にたったフィードバックを
行いたいものです。

5.8　面接法の新しいかたち

　これまでは，心理学研究法としてもっともスタンダードな面接法である個
別の半構造化面接について主に述べてきました。近年の質的研究の隆盛にと
もない，面接法を用いる研究が増加する中で，面接法の新たなかたちも考案
されています。

5.8.1　語り合い法

　まず，大倉（2002, 2008）が提唱する「語り合い法」を紹介しましょう。
語り合い法とは，対等な立場にある研究者と研究協力者が互いに問いかけあ
い，自らの考えを文字通り語り合った，その語りをデータとするものです。
一般に，面接法においては，語り手と聞き手の役割分担が固定しています。

問いを発しながら面接をコントロールするのは聞き手である研究者であり，語り手と聞き手の関係性は非対称的なのです（岡本，2009）。しかし，語り合い法においては，語り手と聞き手の役割は固定されておらず，役割交代が随時起こります。目指されているのは，研究協力者の生きてきた体験世界の人間的な了解です。そのため研究協力者によって明確に言語化されたデータのみを分析対象とするのではなく，語り合う中で研究者が感受した研究協力者のありようを研究者自身の主観とともに記述したもの（＝これを「メタ観察」と呼んでいます）もデータとして分析の中に組み入れていきます。面接法の新しいかたちとして，今後の展開が期待されます。

5.8.2　対話的な自己エスノグラフィー

　自己エスノグラフィーとは，自分自身の経験を語った自伝的記述を文化的視点から分析する質的研究の一つのかたちです（Adams et al., 2015；沖潮，2019）。自己エスノグラフィーは，本来的には研究者が自身の経験や内的感情を省察し，想起しながら記述したストーリーを分析するものです。その点において自伝や日誌等との類似性が指摘されますが，自伝や日誌が人生上の出来事の記述そのものが目的となっているのに対し，自己エスノグラフィーは，自己のストーリーを理論的に解釈・分析して文化の新しい理解に貢献することが目指されます。

　この自己エスノグラフィーに対話という営みを組み入れたのが，「対話的な自己エスノグラフィー」（沖潮，2013）です。対話的な自己エスノグラフィーは，データが研究者個人の記憶に過度に依存していることや語ることに重きがおかれ過ぎて分析的ではない等の自己エスノグラフィーに向けられた批判に対し，対話という営みを導入することで応答できると考えられています。

　対話という点で，先にご紹介した語り合い法との共通点もありますが，語り合い法が，研究者が語り手である研究協力者の「その人らしさ」をとらえ，研究者が記述していくのに対し，対話的な自己エスノグラフィーにおいては，対話者は研究者が自身を内省し，記述していくための媒介であり，最終的に

は研究者が自分自身についての新たな解釈的理解に到達することが目指されています。つまり，研究者が分析・記述者と語り手のダブルロールを担うという点に違いがあります。人と人が語り合うという面接のかたちをとりつつ，研究者の役割や研究プロセスにおける立ち位置，最終目標に独自性のある新しい在り方といえるでしょう。

5.8.3　TEA──面接研究の展開

　TEA（Trajectory Equifinality Approach；複線径路等至性アプローチ）とは，人それぞれ異なるプロセスをたどりながらも人生上類似の結果に到達することがあるという等至性の概念を基軸としています（安田ら，2015a；安田，2019）。意識するしないにかかわらず，人生はさまざまな選択の連続です。「会社をやめる」「留学する」など研究目的に基づき特定の行動や選択を等至点として設定し，その等至点に至るまでの道筋や心のありようを社会文化的な制約と動向とともに描き出す個性記述的な方法が，TEAです。

　具体的には，面接を主な手法として収集された質的なデータを，時系列に沿ってTEM（Trajectory Equifinality Modeling；複線径路等至性モデル）と呼ばれる図にまとめます。TEAには，社会文化的な視点を大切にしながら時間の流れを捨象せずに人生を記述できるという強みがあります。TEAの詳細については，安田ら（2015a，2015b）に詳しいのでそちらを参照していただきたいのですが，人の生きざまを記述することで新たな知見をもたらす手法として，注目を集めています。

参 考 図 書

保坂 亨・中澤 潤・大野木 裕明（編著）（2000）．心理学マニュアル　面接法　北
　　大路書房
　心理学研究法としての面接法について詳細に解説している基本テキストです。
安梅 勅江（2001）．ヒューマン・サービスにおけるグループインタビュー法──
　　科学的根拠に基づく質的研究法の展開──　医歯薬出版
　グループ・インタビュー法について初学者にもわかりやすく解説しています。
ヴォーン, S.・シューム, J. S.・シナグブ, J.　井下 理（監訳）田部井 潤・柴原 宜
　　幸（訳）（1999）．グループ・インタビューの技法　慶應義塾大学出版会
　グループ・インタビュー法について心理学分野を中心に具体的に解説しています。
能智 正博（2011）．質的研究法　東京大学出版会
　質的研究法について，理論的背景から実際までがていねいに解説されています。
田垣 正晋（2008）．これからはじめる医療・福祉の質的研究入門　中央法規
　ライフストーリー法を中心に初学者にわかりやすくポイントをまとめてあります。

キーワード

面接法　臨床面接　調査的面接　構造化面接　半構造化面接　非構造化面接　グル
ープ・インタビュー法　ラポール　倫理的配慮　承諾書　リサーチ・クエスチョン
仮説検証型　仮説生成型　インタビュー・ガイド　キャリーオーバー効果　ワーデ
ィング　クローズド・クエスチョン　オープン・クエスチョン　プローブ・クエス
チョン　予備面接　直後メモ　逐語録　トランススクリプト　グラウンデッド・セ
オリー・アプローチ　切片化　コーディング　カテゴリー生成　グラウンデッド・
セオリー　メンバーチェック　厚い記述　リフレクシヴィティ　フィードバック
語り合い法　自己エスノグラフィー　TEA（複線径路等至性アプローチ）

実 践 研 究  章

6.1 実践研究とは

6.1.1 心理学における実践研究法の発展

　実践研究とは何でしょうか。「実践」とは実際に現場に入り，現実に関わっていくことです。それは，現象を明らかにしていく作業である「研究」とは，一見そぐわないように感じるかもしれません。心理学では，研究者が研究対象に影響を与えないように，客観的な立場から研究を行う科学的な方法が重視されてきた歴史があり，実践研究は主流ではありませんでした。しかし，近年，学校現場へのスクールカウンセラーの導入，障害児・者への合理的配慮の提供，被災者の心のケア，増加する鬱や自殺への対策など，さまざまな問題を心理学的に理解し解決するための具体的な視点や方法が広く求められるようになったことで，実践研究は，研究の知見をより直接的に現場に還元できる研究方法として著しい発展を遂げています。

　たとえば，日本教育心理学会の機関誌である「教育心理学研究」では，1999 年から「実践研究」というジャンルを創設し，実践研究の論文を積極的に掲載しています。発達心理学の分野でも，実践研究は発達の個別性への気づきを促し，実践に役立つローカルな理論を構築するための研究法として，注目されるようになりました（遠藤，2009）。また，臨床心理学の分野においては，従来から実践研究が主流な方法でしたが，この分野においても近年，研究法が洗練されつつあります。かつては，心理療法事例の経過報告というスタイルの研究が大半を占めていましたが，現在では，それ以外にも多様な

スタイルの実践研究が行われるようになっています。こうした実践研究の発展の背景には，5章で述べられたような質的研究法の発展とともに，心理学の多くの分野において，実践研究のあり方について議論がなされたことがあります。

6.1.2　実践研究とは何か

実践研究の最大の特徴は，その「研究の目的」「データ収集のあり方」「対象へのアプローチ」にあります（藤川，2008）。以下にそれぞれの特徴について見てみましょう。

1.　研究の目的

実践研究の目的は，「ある問題を解決したい，ある事態を改善したい」といった現実的で具体的なものになります。ある対象を心理学的に研究し，明らかにするということに留まらず，研究者が目的や意図・計画を持って対象を変化させようとすることに特徴があると言ってよいでしょう（高瀬，1975）。たとえば，心理的援助を求める人々に効果的な援助を提供すること，コミュニティの心理的問題を解決すること，効果的な教育方法を開発すること，などが実践研究の目的となります。

2.　データ収集のあり方

実践研究のデータ収集のあり方は，主に，研究者自身が現場に入り，実践活動を行いながらデータを収集していく（研究者が実践者を兼ねる）というスタイルをとります。たとえば，カウンセラーとして現場に入りクライエントに対してカウンセリングを行う，コミュニティの中で何らかのプログラムを実践する，などの場合です。時には，研究者自身が主たる実践者にならないこともありますが，その場合は現場の実践者と協働して実践活動を展開し，データを収集していきます。たとえば，学校での効果的な教授法の開発を研究者と教師が協働で行い，教師がその教授法を取り入れた授業を実施し，研究者がそれを補助しながらデータを収集するといった場合です。研究者が実践者とは離れた立場から実践活動について研究する場合も，広い意味では実

践研究と呼びますが，研究者が実践者を兼ねる「実践を通しての研究」（下山，2000a）が，もっとも実践研究らしいスタイルであると言えるでしょう。

3. 対象へのアプローチ

　もう一つの特徴は，実践研究では，現実の複雑な諸要素を全体的にとらえようとすることが多いということです。このため，具体的なデータ収集法として，研究目的に応じて，質問紙法・観察法・面接法など，さまざまな技法が用いられ，時に複数の技法を併用することも推奨されます（これを**マルチメソッド**といいます）。データの分析法としても，質的研究法・量的研究法のいずれか，あるいは両方がともに用いられることがあります。多様な方法によって，対象に対して包括的・多層的にアプローチしていくことが実践研究の対象へのアプローチの特徴であると言ってよいでしょう。

　これらの実践研究の特徴を，科学的方法を重視する伝統的な心理学研究法と対比してみると，**表 6.1** のようにまとめることができます。実践研究の代表的な方法としては，以下に紹介するアクションリサーチ，事例研究，フィールドワーク，プログラム評価，当事者研究などが挙げられます。これらの方法は，研究目的・データ収集のあり方・対象へのアプローチにおいて，先に述べたような特徴をよく満たすものです。

表 6.1　実践研究の特徴

	実 践 研 究	伝統的な研究
研究の目的	実践上の目的に沿った現実の変化をもたらすこと。	現実から普遍的法則や一般的傾向を見出すこと。
データ収集のあり方	研究者が現場に入り，関わりながらデータをとる（研究者が実践者を兼ねる/研究者が実践者と協働する）。	研究者は現場に影響を与えないように，客観的な立場からデータをとる。
対象へのアプローチ	現象に関わる要因を包括的にとらえる。	現象に関わる要因を統制，あるいは抽出してとらえる。

　以下では，実践研究の代表的な方法として，アクションリサーチ，事例研究，フィールドワーク，プログラム評価，当事者研究についての基本的な進め方や分析の過程を説明していきます。

 ## アクションリサーチ

6.2.1　アクションリサーチとは

　アクションリサーチの定義は研究者によってさまざまですが（表6.2），それらに共通して見られる原則は，①目標とする社会的状態の実現へ向けた変化（＝実践や社会問題の改善）を目指して行われる研究活動であること，②研究対象者（主に活動の実践者や当事者を指す）と研究者の協働による研究活動であること，の2点に集約されます。

表6.2　アクションリサーチの定義

三隅（1975）	アクション・リサーチとは，実践即研究のプロジェクトである。実践問題を，行動科学の概念と方法を適用することによって解決せんとする研究である。
渡辺（2000）	集団・組織・社会などで生じている問題を緊急に解決するとともに，その問題が生じている社会システムについての科学的な知見を得ることを目的に，実践家と研究者が共同で行う実践的研究。
草郷（2007）	常に変化していく社会が抱えているさまざまな問題に対して，研究者と一緒に個々の問題の当事者が自身の解決策を考え，その解決策の有効性について検証し，検証結果をもとにして，自身の解決策を修正し改善していくことで問題解決を目指す調査活動手法。
矢守（2010）	(1) 目標とする社会的状態の実現へ向けた変化を志向した広義の工学的・価値懐胎的な研究，(2) 目標状態を共有する研究対象者と研究者（双方含めて当事者）による共同実践的な研究。

　上記の原則①に関連しますが，アクションリサーチは，1940年代に社会集団の研究を行っていたクルト・レヴィン（Kurt Lewin）によって提唱されました。レヴィンは，たとえば，人種的マイノリティ問題への解決法としてアクションリサーチを用いました（Lewin, 1946）。このことからも分かる

ように，アクションリサーチは，単なる研究方法というよりも，社会変革の目的や，時に政治的な目的を持つ社会活動としての色彩が濃い活動です（パーカー，2008）。アクションリサーチは，これまでに医療領域・教育領域・産業領域などのさまざまな領域で展開され，問題解決や組織開発の手法として用いられてきました。現実をある目的に沿って変化させるということは，研究者が何らかの価値観を持ち，それが研究過程に反映されるということです。この点において，研究者が客観的に現象を明らかにしようとする研究とは一線を画しており，実践研究の特徴をよく示していると言えるでしょう。

6.2.2　アクションリサーチの基本的な進め方

　先述の原則②に関連しますが，アクションリサーチは，おおむね図 6.1 のように，（1）問題の明確化→（2）介入計画の立案→（3）介入の実施（具体的な介入法＝アクションの実施）→（4）介入結果の評価……と進みます。そして，このような研究のサイクルは 1 回で終わるとは限らず，時には→（1）′問題の明確化→（2）′……と繰り返しながら，現実の変化を目指していきます。そして，これらのいずれの段階においても，研究対象者と研究者が協働して作業を進めることが大きな特徴です。

6.2.3　データの収集法

　データ収集の方法としては，質問紙調査法（3 章参照），面接法（5 章参照），文書類の分析（たとえば会議の議事録，各種の規約，通達など，組織の活動の情報源となるようなさまざまな文書から情報を収集し分析すること），参与観察（参加観察ともいいます），フォーカス・グループ・インタビューなど，多様な研究法が用いられます。また，研究の段階に応じていくつかの方法が併用してとられることもあります。

6.2.4　分析方法の特徴

　上述したように，研究の各段階において，さまざまな方法でデータが収集

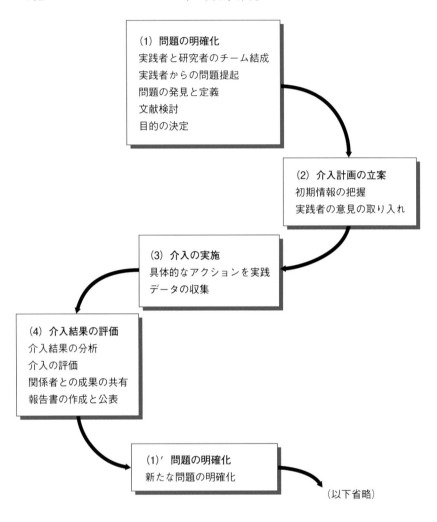

図 6.1　アクションリサーチの手順

されますので，分析も，それらの方法に応じて，質的分析法・量的分析法の双方が用いられます。たとえば，問題の明確化の段階で，文書収集や面接やフォーカス・グループ・インタビューなどで研究対象者の声を集め，質的に

分析するということがあります。また，アクションリサーチの効果を評価するために，介入の事前と事後で質問紙調査を行い，変化を量的に検討するということもあります。

6.2.5　研究例の紹介

それでは，実際の研究例を見ながら，アクションリサーチの過程を確認していきましょう。

田原ら（2008）は，安全で円滑な看護業務遂行のために試験的に行われた病棟クラーク（医療事務の専門職）の導入が，看護師の行動的・心理的側面へどのような影響を及ぼしたのかを検討することを目的としたアクションリサーチを行っています。まず，①の「問題の明確化」の段階では，ある病院において，現場の病棟（A病棟）の強い要請を受けて，現場実験の一環としてクラークを募集しました。さらに，研究者たちと師長とで話し合い，クラークの業務内容を決定しました。そして，クラークの導入前後の看護師の行動的側面の変化，心理的側面の変化を比較検討することをアクションリサーチの目的としました。続いて，②の「介入計画の立案」の段階では，行動的側面の指標として「業務中の中断経験」，業務の安全性の指標として「業務中の看護師のトラブル経験」を測定することとしました。また，心理的側面の指標として，「看護師の職場ストレッサー」と「チームワーク」を測定することとしました。また，心理的側面については，比較対象として，クラークを導入していない別の病棟（B病棟）でも調査を行うことにしました。③の「介入の実施」の段階では，クラークを導入した病棟の看護師を対象として質問紙調査を行いました。クラーク導入の直前，導入直後，導入より6カ月経過後の各時期に，看護師に質問紙調査に回答してもらい，回収しました。④の「介入結果の評価」では，質問紙調査の結果を統計的に分析し，クラーク導入の効果を検証しました。結果の分析からは，クラーク導入による行動面へのポジティブな影響（業務の中断経験や業務中のヒヤリハット経験の減少）と，心理面でのネガティブな影響（チームワークプロセス認知の悪化）

が見出されました。

　結果の一部を見てみましょう。図 6.2 は，3 つの時点（T1・T2・T3）での実験群（クラークを導入した A 病棟）と統制群（導入していない B 病棟）でのチームワーク尺度の得点の推移を示しています。チームワーク尺度は，「(a) モニタリングと相互調整」「(b) 職務の分析と明確化」「(c) 知識と情報の共有」という 3 つの下位尺度で測定されています。この図からは，実験群（A 病棟）において，T1（クラーク導入の直前）の時点と比較して T2（クラーク導入の直後）の時点のほうが，3 つの下位尺度すべての得点が下がり，その後，T3（クラーク導入 6 カ月後）の時点でふたたび上がっていることが分かります。つまり，クラークの導入によって，チームワーク得点が一時的に下がることが見出されたと言えます。こうしてさまざまな指標の変化を分析した結果，クラークの導入は看護師の業務負担軽減や安全性確保に有効である一方，クラークと看護師の連携が実践上の重要な課題であることが明確化されました。この結果は，今後，医療現場での安全マネジメントを考えるために，重要な示唆を与えるものだと言えるでしょう。

6.2.6　アクションリサーチの留意点

　研究例のように，アクションリサーチでは，研究対象者と協働しながら，問題を確定して実践的な目的を立て，現実を変化させるためのさまざまな活動を計画・実行し，それらの成果を多様な研究法を用いて評価し，次の実践活動へとつなげていきます。このため，研究者が学術的な興味だけで研究を進めるのではなく，現場をよく知り，研究対象者の主導権を尊重しながら進めていくことが大切です。一方で，実際に何らかの介入を実施しようと計画しても，アクションリサーチの過程で研究対象者からの圧力やバイアスがかかって，変更を余儀なくされる場合もあります。また，アクションリサーチが変化を生じさせるには長い期間を要するため，資金の獲得や労力を厭わずに協力関係を維持することなどが課題となります（渡辺，2000；草郷，2007）。

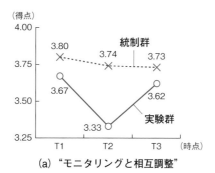

(a) "モニタリングと相互調整"

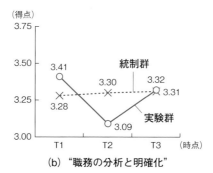

(b) "職務の分析と明確化"

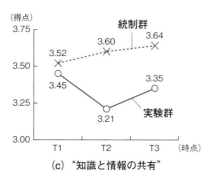

(c) "知識と情報の共有"

図 6.2　チームワークの下位尺度に関する
　　　　各群の平均得点の変化
（田原ら，2008）

事 例 研 究

6.3.1　事例研究とは

　事例研究とは，1事例（N＝1）または少数事例（Small–N）について，各事例の個別性を尊重し，その個性を研究していく方法です（下山，2000b）。心理学研究では，人の心理の普遍的な法則を見出すことを目指すアプローチがある反面，人それぞれの個別な心のあり方を追究することが適する場合もあります。とくに，現実場面で問題となるような心理的問題（臨床的な問題，発達的な問題など）をサポートするには，その人に特有のあり方を理解していくことが必要となります。さらに，個々の事例の範囲を越えて，類似した事例を理解するために有効なモデルを生成することも必要です。こうした目的のために，事例研究は有効なアプローチとなります。

6.3.2　事例研究の基本的な進め方

　事例研究は，以下のような手順で進んでいきます（表6.3）。

　①事例を選択します。まずは，事例研究の対象となる事例を選択します。選択する事例はどのようなものでもよいというわけではなく，先行研究をレビューした上で，事例の理論的な位置づけを明確にし，研究する意義のある事例であることを示す必要があります。たとえば，ある現象の本質や実態をよく示しているような事例であったり，類似した事例を質的に代表するような事例であったりすること，つまり，「**典型例**」であることは，しばしば重視される要件の一つです。また，特殊な事態や稀有な現象など，その事態を組織的に記述するだけで意義がある研究となることもあります。いずれにせよ，「何らかの新しい知見を，事例を通して語らしめる」（山本，2001，p.16）ことに適するような事例が，取り上げる価値のある事例であると言えるでしょう。

　②データを収集します。事例に対して実践活動を行い，その過程においてデータを収集していきます。

③データの記述を行います。とくに，経過の長い臨床事例を取り上げて質的データを収集した場合，膨大なデータ（記録）が得られることになります。そうしたデータの中から，テーマに沿って，ある観点からデータを編集し，記述していきます。

④データの分析とモデルの構成を行います。データを分析し，その事例を説明するためのモデルを生成します。ここで言う**モデル**とは，「関連のある現象を包括的にまとめ，そこにひとつのまとまったイメージを与えるようなシステム」（印東，1973，p.1）と定義されるような，実践活動において参照できる枠組みを指します（下山，1997）。

表6.3　事例研究の手順

①**事例の選択**
　典型例や希少例など。事例の理論的位置づけを明確にする。
　　↓
②**データの収集**
　事例に対する実践（介入）を通してデータを収集する。
　　↓
③**データの記述**
　収集したデータをある観点から編集し，記述する。
　　↓
④**データの分析とモデルの構成**
　データを分析し，事例を説明するためのモデルを生成する。

さらに，次の段階として，上述したような単一の事例研究の過程を，複数（多数）の事例で繰返し行い，生成したモデルをより適用範囲の広い精緻なものへと修正・発展させていくことも可能です。図6.3は，臨床心理学研究の分野で，既存のモデルがない場合や，既存の理論やモデルでは十分な障害の理解やそれを参照した実践ができない場合に，実践活動からモデルを生成する方法を示したものです（下山，1997）。①まず，臨床実践の中で，個別の事例内において手探りで臨床的仮説生成-検証過程を行います。②次に，類似した複数の事例を経験したところで，類型仮説（複数の類似事例に共通

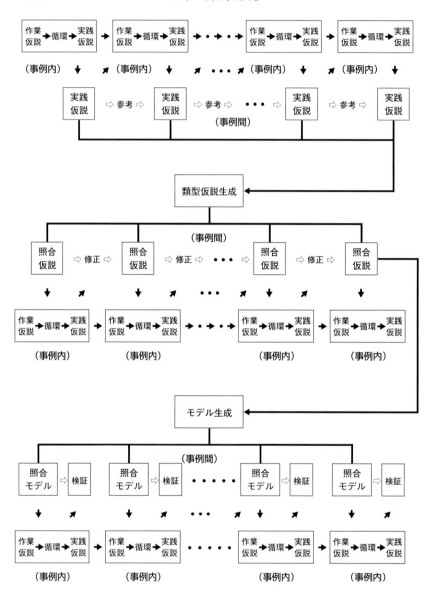

図 6.3　臨床的仮説生成——検証過程におけるモデル生成・検証の方法論
（下山，1997）

した内容を構成要素として生成した仮説）を生成します。③このような類型
仮説が生成されたら，次はその類型仮説を個別の事例における照合枠として
適用しながら，さらに複数の事例で実践活動を行い，仮説生成−検証の作業
を繰り返します。④その作業の中で，実践的有効性の観点から仮説を修正し
て概念の統合度を高めていき，最終的にモデルを生成します。このように，
複数の事例を対象とした事例研究で仮説生成−検証−修正を繰り返すことによ
り，具体性と一般性を兼ね備えた有効なモデルを生成することができます。

　なお，複数の事例研究の知見を統合する方法としては，「事例のメタ分析」
（岩壁，2005）という方法も提案されています。これは，明確に定められた
基準に基づくデータ採集・データ分析の方法で複数事例を分類することによ
り，研究者による判断の偏りを統制する方法です。詳細については，岩壁
（2005）を参照してください。

6.3.3　データの収集法

　事例研究がとくに多用される臨床心理学の分野では，実践活動として臨床
心理面接が行われることが多いため，研究対象者（主にクライエント）と研
究者（主に面接の実践者）の面接（会話）を質的データとして収集する方法
がしばしば採用されます。また，観察法によって研究対象者の行動を質的・
量的に記録したり，検査法（質問紙法や投影法の各種心理検査，知能検査や
発達検査など）を用いたりすることもあります。臨床心理学以外の分野にお
いても，質的・量的な多様なデータ収集法が用いられ，時に複数の方法が併
用されます。

6.3.4　分析方法の特徴

　上記のように，多様な方法が用いられますので，それぞれの方法に応じた
分析が行われます。事例研究は，データからボトムアップで仮説や理論を作
り上げていく**仮説生成型**の研究となることが多いですが，前述したように，
複数事例を対象として事例研究を繰り返しながらモデルの検証を行う，**仮説**

検証型の研究となることもあります。

6.3.5　研究例の紹介

　それでは，実際の研究例を見ながら，事例研究の過程を確認していきまし
ょう。

　下山（1997）は，日本において青年を対象とする実践現場でよく見られる
現象であり，かつ従来の心理療法モデルでは援助が困難であった，「スチュ
ーデント・アパシー」に対する有効な援助モデルを新たに生成するために，
事例研究を行いました。①まず，実践活動の中でスチューデント・アパシー
への援助方法の開発の必要性を問題意識として抱いたことをきっかけとし，
先行研究を概観してスチューデント・アパシーの障害概念について曖昧な点
を導きだし，あらためて障害概念に関するモデルを生成することを目的とし
て一連の研究を開始しました。②次に，過去の臨床実践の中で経験した複数
の事例と共通の特徴を示す，2つの典型的な事例を研究することを通して，
類型仮説の生成を試みました。これにより，スチューデント・アパシーの障
害は，「悩まない」行動障害・「悩めない」心理障害・「自立適応強迫」性格
という3次元によって成り立つとする，3次元構造モデルを生成しました。
③さらに，この3次元構造モデルの妥当性を検証するために，新たに20の
事例を対象として，モデルによる障害構造の説明を試み，臨床的に有効な照
合枠として機能するかどうかを検討しました。これらの事例では，面接法・
観察法による事例経過の記録のほかに，心理検査のロールシャッハ・テスト
も施行しており，そのデータも併せて分析しています。④そして最終的に，
このような一連の事例研究を通して，スチューデント・アパシーという日本
独特の現象を説明する「アパシー性人格障害」という概念を提起しました。

6.3.6　事例研究の留意点

　とくに臨床心理学の分野で行われる臨床事例研究の場合には，倫理的な観
点から，いくつかの点に注意する必要があります（金沢，2008）。第1に，

その研究を行う意義が十分にあるのか，また，研究者の能力（援助者として
の臨床実践能力および研究能力）が十分かといった点について，吟味する必
要があります。第2に，多重関係の問題と，インフォームド・コンセントの
問題があります。多重関係の問題とは，本来は「援助者とクライエント」と
いうシンプルな関係であるはずのところに，「研究者と研究対象者」という
関係が加わることによって，援助過程に影響が生じたり，クライエントに混
乱を与えてしまったりする危険性があるということです。また，援助者が研
究者として分析を行うことにより，結果の解釈にバイアスがかかってしまう
こともあります。さらに，クライエントにとっては，面接の途中や終結後に，
援助者から研究発表をしたいと依頼されることになる場合が多く，援助を求
めてきた当初から十分な説明を受けて，自由意思で研究に参加した（インフ
ォームド・コンセントが十分に行われた）とは言いにくいことがあります。
こうした点に対応するためには，援助の最初の段階で事例研究の対象となる
可能性やその意義，クライエントの権利について説明し，十分にクライエン
トの理解を得ることが必要です。第3に，秘密保持の問題があります。事例
研究では，研究対象者の数が少ないため，対象者が特定されてしまう危険性
が他の方法より高いといえます。クライエントの許可を得ることはもちろん，
プライバシーの保護には十分な配慮が必要です。たとえば，研究発表の際に
はイニシャルなどの個人情報を表記しないのは当然ですが，加えて，事例の
本質に差しさわりがない程度に部分的に記述に改変を加えるなどの工夫が必
要です。

6.4 フィールドワーク

6.4.1 フィールドワークとは

　フィールドワークは，もともとは人類学者が**エスノグラフィー**（**民族誌**）
を書くために開発した研究方法でした。典型的なイメージとしては，研究者
がある異文化の民族の集落に長期間に渡って居住し，住民と交流しながら社

会制度や風俗習慣を記述していくような研究です。そこで，この研究方法が
心理学で用いられるようになった当初は，フィールドワークとは，「参与観
察と呼ばれる手法を使った調査を代表とするような，調べようとする出来事
が起きているその「現場」（＝フィールド）に身を置いて調査を行うときの
作業（＝ワーク）一般を指す」（佐藤，1992，p.30）という定義のような研
究が一般的でした。**参与観察（参加観察）**とは，研究者が研究対象の集団に
参加し，そこでの一員として役割を演じながら行う観察法のことです。また，
箕浦（1999）は，フィールドワークを「人と人との行動，もしくは人とその
社会および人が創り出した人工物（artifacts）との関係を，人間の営みのコ
ンテキストをなるべく壊さないような手続きで研究する手法」（箕浦，1999，
pp.3-4）と定義しています。これらの定義からは，研究者がある程度現場に
関わる余地はうかがわれますが，あくまでも現場の営みを変えずに距離をと
る姿勢が基本となっていることが分かります。

　一方で，1990年頃から，フィールドワークの手法が心理学の中に広く取
り入れられるようになり，研究対象がより拡大するとともに，研究者のフィ
ールドへの関与の度合いやデータの取り方も多様化してきました（尾見，
2008）。最近では，フィールドワークの中でも，より実践に関与するものを
「実践的フィールドワーク」と呼ぶことがあります（箕口，2000）。これは実
践研究の方法の一つとみなすことができます。なお，実践的フィールドワー
クは，組織などの対象に関与しながら研究していくという点で，アクション
リサーチと共通する部分も多いのですが，アクションリサーチのほうが，よ
り当初の段階から社会変革の目的や研究活動の目的を明確に意図し，効果を
検証していくことを目指して行われる活動であるように思われます。それに
対して，実践的フィールドワークでは，フィールドでの実践活動の中から，
研究者がしだいに問題意識を見出し，関連する事象を記述し，その事象を説
明する仮説モデルを生成していく部分により重点が置かれていると言えるで
しょう。

6.4.2 フィールドワークの基本的な進め方

　フィールドワークは，一般的に，次のような手順で進められます（箕浦，1999）。①まず，研究を行うフィールドを決め（フィールドサイトの選定），フィールドに入ります。②当初は広く様子を観察したり，情報収集を行ったりして，フィールドの全体像を把握します。③フィールドワークで明らかにしたい問いである，**リサーチ・クエスチョン**を立てます。④リサーチ・クエスチョンに関わる現象に焦点を定めて，観察やデータ収集を行います。⑤データを読み解くための理論的枠組みを探索します。⑥理論に導かれて，さらに観察やデータ収集の対象を絞り，選択的な観察を行います。⑦データを分析し，解釈します。⑧結果をエスノグラフィーや研究論文，報告書等の形にまとめて公表します。

　実際には，これらの過程は直線的に進むのではなく，研究者は必要に応じて行きつ戻りつを繰り返しながら，フィールドで生じている現象に関する仮説や理論モデルを生成していきます。とくに⑤から⑦の理論的枠組みの設定→データ収集→分析という過程では，よりぴったりと事象を説明できる枠組みと解釈の結果＝「切れ味のよいカテゴリー」（箕浦，1999，p.61）を求めて，試行錯誤が行われることが珍しくありません。⑧の研究結果を文章化する段階になってから，新たな観点からデータを見直し，⑤〜⑦を繰り返すということもあるほどです。また，③のリサーチ・クエスチョン自体も，最初の段階では曖昧であったものを，データ収集と理論的枠組みの探索が進むにつれ，より問いを発展させるべく再検討することもあります。つまり，フィールドワークは，データの収集・分析・まとめの過程を同時進行で進めながら，生き生きとした現実に基づいて，それらを説明できる，より抽象度の高い理論を作り上げていく作業であると言えます。

6.4.3 データの収集法

　データ収集の方法としては，参与観察をして現象をメモ書きで記録する（フィールドノーツを作成する）のがもっとも基本的な方法です。しかし，

同時に，面接（立ち話のようなインフォーマルな会話も含む），文献調査，質問紙調査など多様な研究法が用いられることがあります。フィールドワークにおいても，データの妥当性をチェックしたり，記述に厚みをもたせたりするために，複数の方法でデータを取ること（マルチメソッド）が推奨されます。

6.4.4　分析方法の特徴

　データ収集の方法に応じて質的分析法・量的分析法の双方が用いられます。フィールドワークは，あらかじめ定めた仮説を検証する「仮説検証的な研究」というよりも，データの分析を通して仮説や理論モデルを作っていく「仮説生成的な研究」であることが多いので，どちらかというと，仮説生成に向く性質を持つ質的研究法が用いられることがより多いと言えるでしょう。また，分析の過程において，研究対象者の中でもとくに情報提供に協力してくれた人（情報提供者あるいはインフォーマントとも呼びます）と知見を共有し，結果の妥当性を確認してもらうことも推奨されます。

6.4.5　研究例の紹介

　それでは，実際の研究例を見ながらフィールドワークの過程を確認しましょう。

　筆者（藤川，2007）は，ある大学の学部をフィールドとし，そこにスタッフとして学生相談機関を作っていく過程を実践的フィールドワークによって記述・分析しました。そして，最終的に異職種と協働して学生相談機関を構築するための活動モデルを生成しています。

　研究は，図6.4のような過程を経て進みました。

　①のフィールドへのエントリーですが，この研究は実践的フィールドワークですので，研究を目的とするのではなく，心理カウンセラーとして学生相談活動を行うという実践活動を目的として学生相談機関に入りました。

　②心理カウンセラーとして，相談活動や会議への出席等の実践活動をしな

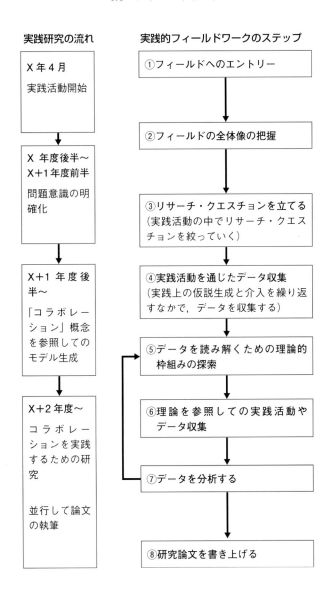

図6.4 実践的フィールドワークの流れの例
(藤川，2007 より抜粋・一部改変)

がら，大学というフィールドの情報を集め，フィールドの全体像を把握しました。

　③現場に入って約 1 年が経ったころ，実践活動の中で課題になっていたことをリサーチ・クエスチョンとして意識するようになり，研究を開始しました。このフィールドの大きな特徴は，教育職である学習面の相談員と心理カウンセラーが一緒に相談活動を行うことでした。そして，それを実践するうえでさまざまな課題や困難があったため，「異職種のスタッフが参加して学生相談サービスを提供する際に，利用者にとって有益なサービスを提供するには，異職種間の関係はどのようなものであればよいのか，また，どのような学生相談システムがよいのか」というリサーチ・クエスチョンを立てました。

　④実践活動を行う中で，相談機関に関わる資料の収集，相談事例の研究，学生を対象とした実態調査の実施，参与観察を行い，リサーチ・クエスチョンに関するデータを収集していきました。

　⑤データを読み解くための理論的枠組みとして，異なる立場の協働を意味する「コラボレーション」という概念を知り，この概念を用いてモデルを生成することを試み始めました。

　⑥さらに，コラボレーションによる学生相談のシステム作りを実際に機能させるための条件や方略を探るため，相談事例の研究や相談機関のスタッフを対象とした面接調査を行いました。

　⑦こうしたデータ収集と並行して，主にグラウンデッド・セオリー・アプローチ（5.6.2 参照）等の質的分析法を用いてデータの分析を行いました。

　⑧最終的に，一連の研究を論文にまとめ，「コラボレーションによる学生相談システム構成の統合的モデル」を提案しました。このモデルは，心理職が現場の異職種のスタッフや大学の上位組織（相談機関の運営委員会等）との間でコラボレーションを成立させることによって，より学生のニーズに応えられるような学生相談サービスや，それらを提供するシステムを構成していく方法を提起しており，他の学生相談機関等での実践活動において参照さ

れることを目指すものです。

6.4.6　フィールドワークの留意点

　他の実践研究と同様に，フィールドワークにおいても，研究者と研究対象者との関わりをどう扱うかが重要な課題になります。フィールドワークでは，関わりによってフィールドをより深く探ることができる反面，関わりが事象そのものに影響を及ぼしていることを自覚し，その影響も含めてデータを収集・分析しなければなりません。このためには，データ収集の際にマルチメソッドを用いること，データを分析する際に自分の影響を省みること（これをリフレクシヴィティと言います。5章参照）が有効です。また，関わりが深い分，扱える対象は限られたものとなるため，基本的には事例研究と同じ性質を持ち，結果を過大に一般化することはできません。フィールドの位置づけを明確にし，どのような範囲で知見の応用が可能なのかをていねいに考察することが必要です。

6.5　プログラム評価

6.5.1　プログラム評価とは

　近年，特に臨床心理学の分野では，臨床現場であるさまざまなコミュニティにおいて，集団を対象とした心理教育プログラムが実施されることが増えています。このような際に，その効果を評価するために有効な方法の一つが，**プログラム評価**です。ここでプログラムとは，「何らかの問題解決や目標達成を目的に人が中心となって行う実践的介入」を指し（安田，2011，p.3），前述のような心理教育プログラムや，その他のヒューマンサービスが含まれます。

　プログラム評価においては，プログラムを主催する人々や影響を受ける人々など，プログラムに関与する人々（ステークホルダーとよばれます）とともに，プログラムについて体系的な査定を行い，プログラムがステークホ

ルダーのニーズに沿った成果を得られたかどうかを評価することが特徴的です。プログラムの価値を明確化するとともに，その後の実践を継続するか否かに関わる意思決定やプログラムの質の向上に向けて評価を行うための研究活動であると言えます（安田・渡辺，2008；安田，2011）。プログラム評価は，介入の結果のみならずプロセスも含めて多角的にサービスを評価することを可能にする方法であり，有効なサービスの提供やアカウンタビリティの提示，心理職の専門性の周知のために役立つと考えられます（藤川，2018）。

6.5.2　プログラム評価の基本的な進め方

　ここでは，プログラム評価の手順を安田（2011）に添って紹介します（詳しくは，安田（2011），安田・渡辺（2008）を参照してください）。

　まず，プログラムおよびその評価計画の立案において，ゴール（プログラムの方向性）を明確化します。このため，社会指標法（自治体等が公表している既存のデータの分析），フィールド調査（フィールドでの質問紙調査やインタビュー等），コミュニティフォーラム（地域集会での意見収集），キーインフォーマント（主要な情報提供者，地域のキーパーソン等）へのヒアリング，等の方法を用いてステークホルダーのニーズをアセスメントし，ニーズを反映させる形でプログラムのゴールおよび目標（プログラムが達成することを具体化したもの）を明確化します。

　また，プログラムの過程を可視化するための体系的な枠組みとして「ロジックモデル」があります。**ロジックモデル**とは，プログラムの運営法をプログラムの要因（インプット：投入資源，アクティビティ：活動，アウトプット：結果，アウトカム：成果，インパクト）に分け，各要因間の関係を「もし〜ならば…する」という一定のロジックによって可視化したものであり，「どのように参加者の変化を促すのか」を示すモデルです（安田，2011）。プログラム評価においては，このようなモデルに沿って，プログラムの内容と評価方法をあらかじめ策定しておきます。

6.5.3 データの収集法

評価方法を計画する段階では，前項で挙げたロジックモデルを参照しつつ，評価者とステークホルダーを含めたワーキンググループで評価の目的，「何を明らかにするのか」という評価クエスチョンの設定，評価デザイン，指標とデータの収集法等について検討し，評価計画を作成します。評価の対象には，介入の「プロセス」と「結果」の両方が含まれます。前者に関する評価は「プロセス評価」とよばれ，プログラムがターゲットとする利用者に意図した通りに提供されているかについての評価です。そして，後者に関する評価は「アウトカム評価」とよばれ，プログラムの効果が目標通りになっているかという点に関する評価です。アウトカムは，プログラムによってもたらされる個人や集団の行動，スキル，知識，態度，価値観，状態といった側面の変化や変容によって示されます。アウトカムは，プログラムの直接的な影響や効果である短期的アウトカムと，短期的アウトカムから生じることが理論的に導かれる長期的アウトカム，そしてプログラムが目標とする最終的な効果であるインパクトに分けて測定されます。アウトカムの指標としては，標準化された尺度が使用される場合が多いですが，そうしたものがない場合には指標を作成することが必要になります。また，質問紙調査法，検査法，面接法，観察法，ドキュメント法（フィールドに関する文書や記録の分析。たとえば学校・病院・企業等の組織ならば報告書，計画書，会議記録，マニュアル，広報活動の資料，業務日誌等のさまざまな文書があるので，それらから有用な情報を探すこと）等のさまざまな方法が用いられ，質／量を問わずデータが収集されます。

6.5.4 分析方法の特徴

データの分析は，前述したように量的・質的なさまざまな方法でデータ収集がなされますので，それぞれに応じた方法で行われます。特徴的な点は，評価の実施後に，ステークホルダーに対して評価結果を伝えるためのテクニカルレポート（技術報告書）が作成されることです。テクニカルレポートは，

学術論文とは異なり，意思決定等の評価の目的に役立つように，読み手に応じたまとめ方をすることが重視されます。

6.5.5　研究例の紹介

　それでは，実際の研究例を見てみましょう。プログラム評価の研究例としては，広島市における青少年支援のためのメンタリング・プログラムを評価した研究（渡辺，2018）が参考になります。渡辺（2018）は，2004 年 1 月から開始された広島市の青少年メンター制度についてプログラム評価を行っています。このプログラムは，10 歳代から 80 歳代までの年長のメンターと，小・中・高校生のメンティ（プログラムの利用者）がペアリングされ，活動支援・成長支援・不登校支援等の目的のために交流するという活動です。研究では，プログラムのステークホルダーのうち，①メンター，②メンティ，③メンティの保護者，の三者を対象として，プログラムの効果を質的・量的の両方の方法を用いてデータを収集し，評価しています。量的データとしては，質問紙調査によってプログラムへの満足度，メンタリングの関係性，メンティの変化，交流継続意志等のデータを収集し分析しています。質的方法としては，初期 20 事例の三者の報告書の分析とメンター16 名への半構造的面接調査によって得たデータの質的分析を行っています。そして，これらの分析を踏まえて，メンタリング・プログラムの効果が，当初の目的である「メンティの変容」という成果として認められたのと同時に，メンターの生涯発達支援にも良い効果を及ぼしていることが明らかになったと論じています。

6.5.6　プログラム評価の留意点

　プログラム評価は，組織的な介入を対象としているという点でアクションリサーチと類似していますが，①ステークホルダーのニーズに基づく介入が達成できたかどうかを評価することが目的である点，②計画の立案から評価報告までの全過程において，研究者とステークホルダーとの関係がより密接

である点，が特徴的です。このため，ステークホルダーと協働的な関係を構築するための労力や，ステークホルダーの負担等への倫理的配慮に特に留意する必要があります。

 当事者研究

6.6.1 当事者研究とは

当事者研究とは，「障害や問題を抱える当事者自身が自らの問題に向き合い，仲間とともに『研究』すること」（石原，2013, p. 12）と定義されます。特に，自らの問題について語ることが社会的に抑制されがちな問題を抱える当事者自身が自らの問題について他者に語ることにより，主体性を取り戻し，人との関係を回復し，問題や自分自身を再発見していく実践的研究を指します。同じ問題を抱えた仲間同士の助け合いを目的としたグループである「ピアサポートグループ」・「自助グループ（セルフヘルプグループ）」や，ソーシャル・スキル・トレーニング（認知行動療法の技法の一つで，セラピストとクライエント集団との協働作業でクライエントの問題を外在化し，ロールプレイ等の方法を用いて解決を目指す技法）と共通点の多い取組みでもあり，実際にそうしたサポートグループ等で実践されることの多い研究法であるともいえます。

6.6.2 当事者研究の基本的な進め方（データ収集法・データ分析法）

当事者研究は，具体的な研究の技法（実験法・観察法・質問紙調査法等のデータ収集法，量的方法・質的方法等のデータの分析法）を指すものではありません。しかし，多くの場合は，ミーティングの形式をとり，参加した当事者が自らの体験について語ることによって研究が進められますので，質的方法によることが多いといえるでしょう。参加者は，互いの語りに対して評価やコメントをしないで，多様な語りを多様なままにしておく姿勢で参加することが求められます。また，語りの内容をカードや図などに視覚化して共

有するということも行われます。そのような作業の中で，当事者自身や周囲
の人々が問題への理解をより深めたり，メンバー間で問題にまつわる経験知
が編み出されたり，それがさらに新たに参加したメンバーに受け継がれたり
といったことが当事者研究の成果となります。

6.6.3　研究例の紹介

　研究例としては，「当時者研究」という実践活動を 2001 年に開始し，この
アプローチが広まる先駆けとなった，北海道浦河町にある「浦河べてるの
家」における，精神障害等を抱えた当事者による研究が参考になります。た
とえば，浦河べてるの家（2005）では，幻聴，被害妄想，暴力，摂食障害等
の「苦労」を抱えた当事者が，仲間や支援者とともに自らの「苦労」につい
て研究する様子が，当事者自身の筆によって生き生きと描写されています
（べてるの家では「問題」を「苦労」とよぶことにより，医学的な診断名や
問題と人とを切り離し，当事者が主体的に取り扱うことが可能なものにしま
す）。

　統合失調症や双極性障害等の精神障害の他にも，薬物依存症，発達障害，
吃音，聴覚障害，ジェンダーなど，さまざまな問題の当事者グループが，当
事者研究のアプローチを実践し，展開しています。熊谷（編）（2017）は，
そうした当事者研究の実践を紹介していますので，参照してください。

6.6.4　当事者研究の留意点

　当事者研究は，当事者が主体となって実践してきた当事者運動や自助グル
ープの理念を背景として生まれてきた活動であり，当事者以外の研究者，専
門家，支援者等がそこにどのように関わるかという点において，非常に複雑
な問題をはらんでいます（熊谷，2018a）。当事者の問題に関するアカデミッ
クな研究が必ずしも当事者のニーズに合ったものではない場合や，アカデミ
ックな研究により生み出された専門的知識が「当事者とはこうである・こう
であるべき」といったスティグマを生じさせる場合もあり得ます。当事者に

とって有益な研究が成立するためには，あくまでも当事者が主体となって研究を行うこと，そして，もし当事者が専門家の方法や知識を必要とし，共同作業を求める場合には，「当事者も専門家も，十分な知識を持たないという自覚」（熊谷，2018b，p.155）をもって研究に臨むことがきわめて重要となります。

6.7　ま と め

　これまで述べてきたように，実践研究は，現実の変化を目的とし，実践活動を通じて多様なデータを収集し，現実の全体性を壊さないようにとらえるなかで，人間の心理に関する新たな知見を見出し，検証していくという研究のスタイルをとります。

　実践研究が効果的に行われると，生の現実に即した理論・モデルを生成することができ，また，研究から得られた知見を現実にダイレクトに反映させていくことができるため，研究者にとって大きな手応えの感じられる，魅力的な研究スタイルとなるでしょう。

　反面，主な研究法の各部分で述べたように，実践研究を有意義なものにするには，いくつかの点に留意する必要があります。

　第 1 に，研究の結果がどの程度信頼できるものであるか，妥当であるかを読者が判断できるように配慮することが必要です。実践研究では，現実に関与してフィールドを変化させることが研究の目的となるため，そのフィールドでの研究は 1 回限りのものとなります。また，研究者のフィールドへの関与の仕方によって研究の過程や結果が変わることが，結果の解釈の前提となります。このため，質問紙調査等でよく用いられる，統計的な意味での**信頼性**（結果の安定性や**再現性**）や**妥当性**（測定したい現象を実際にとらえられているかどうか）という基準（3.5 参照）とは異なる基準で研究を評価することになります。実践研究では，事例の位置づけと応用可能性を十分に吟味することによって，読者が研究結果の価値（たとえば他のフィールドでの有

益な実践活動につながるかどうか）を評価することが可能になります。また，研究者のフィールドへの関与の仕方が研究の過程や結果に及ぼしている影響を十分に省みることによって，結果の解釈が妥当なものであるかどうかを評価することが可能になります。つまり，実践研究では，研究対象の理論的位置づけや特徴をていねいに記述・考察することや，研究過程における研究者の立場や思考の変遷もデータとして記述して読者が研究を追体験できるようにすることが大切になります。

　第2に，とくに事例研究の部分で述べたように，研究対象者と研究者が深く関わることに伴って，研究計画や発表の際には，プライバシーの問題など倫理面に関する慎重な検討が不可欠です。

　これらの留意点については，研究の過程を通じて，研究者と研究対象者が協働して研究を進めていくことにより，問題の発生を防ぎ，また，より有益な研究を行うことができます。

　以上のことから，実践研究においては，現場を知り，現場の人々と協働していこうとする研究者の姿勢が非常に重要であるということを，最後に述べておきたいと思います。

参考図書

下山 晴彦・能智 正博（編）（2008）．心理学の実践的研究法を学ぶ　新曜社

　心理学の実践的研究法を基本的な方法論から具体的な研究技法まで分かりやすく解説しています。また，実際の研究例も紹介されています。

小泉 潤二・志水 宏吉（編）（2007）．実践的研究のすすめ——人間科学のリアリティ——　有斐閣

　実践的研究のプロセスや進め方についてていねいな説明がなされ，さまざまな研究方法についても紹介されています。

下山 晴彦（編）（2009）．特集：心理学の実践研究入門　臨床心理学，9（1），金剛出版

　主に臨床心理学や教育心理学の領域における有効な実践研究のあり方について，さまざまな角度から論じています。

キーワード

実践研究　マルチメソッド　アクションリサーチ　事例研究　典型例　モデル　仮説生成型　仮説検証型　フィールドワーク　エスノグラフィー　民族誌　参与観察　参加観察　リサーチ・クエスチョン　リフレクシヴィティ　プログラム評価　ロジックモデル　当事者研究　信頼性　妥当性

精神生理学的
研究

7.1 精神生理学的研究とは

　スポーツの試合を観戦していて，手に汗握るほど興奮した。発表会の直前，緊張のあまり指先が冷たくなった。恋人との初デートでは，自分の心臓の鼓動をはっきりと感じことができるくらいドキドキしていた。このような経験は誰にでもあると思いますが，これらの現象は「心」の状態が「体」の状態に影響を及ぼしていることを示しています。

　一方で，「体」の状態が「心」の状態に影響を及ぼすこともあります。たとえば，自分の心臓がドキドキしているのに気づくと，さらに緊張感が増すことがあります。逆に，深呼吸をすることで落ち着きを取り戻すこともあるでしょう。このように，心と体は密接に関連していることから，その相互作用（**心身相関**）についての研究が進められています。

　心身相関に関する研究では，主に実験法が用いられます。2章で述べられているように，実験法では独立変数と従属変数の間の因果関係について検討します。つまり，原因となる独立変数を操作した際に，結果である従属変数がどのように変化するかを確認するのです。独立変数と従属変数に何を設定するかによって，心身相関の研究には2つのアプローチが考えられます（図7.1）。

　1つ目のアプローチでは，「心」を独立変数に「体」を従属変数に設定します。心の状態を変化させて，その結果として生じる体の変化について検討する方法です。具体的には，感覚刺激（視覚刺激や聴覚刺激）を与える，認

図7.1　2つの研究アプローチ

知課題（暗算など）を課す，感情状態（怖い映画を見せる）や覚醒水準（眠ってもらう）を変える，などの手続きにより心の状態を操作します。測定する生理反応は，7.3で説明する神経系活動以外にも，内分泌系活動（コルチゾール，アミラーゼなど）や免疫系活動（免疫グロブリン，NK細胞活性など）があります。後二者は，主にストレス反応の指標として用いられています。

　もう一つのアプローチは，「体」を独立変数，「心」を従属変数に設定し，体の状態を変化させた際の心の状態の変化について検討する方法です。たとえば，脳の一部を破壊したり，電気や薬物で刺激したりして，その結果として生じる行動的・心理的な変化を観察します。当然ながら，脳組織の破壊は実験動物（マウス，ラットなど）を対象としたものが中心となりますが，事故や病気で脳の一部を損傷した患者の症状を調べることもあります（このような方法を用いる研究領域は**神経心理学**と呼ばれます）。脳の電気（磁気）刺激に関しては，健常な人を対象とした実験もなされています。

表7.1　研究アプローチと独立変数・従属変数

	独 立 変 数	従 属 変 数
精神生理学	感覚刺激，認知的課題，感情状態，覚醒水準	生理指標（神経系，内分泌系，免疫系）
生理心理学	脳破壊，脳電気（磁気）刺激，薬物投与	行動指標（作業成績など），心理指標（心理テストなど）

　2つのアプローチのうち，前者を**精神生理学**（psychophysiology），後者を
生理心理学（physiological psychology）といいます（**表7.1**）。本章では，心
理学領域で多くの研究がなされている精神生理学的研究について説明します。
ただし，現在では精神生理学と生理心理学との区別が曖昧になっています。

7.2　神経系の概略

　精神生理学的研究において測定される各生理指標について説明する前に，
それらの反応を司る**神経系**について知っておく必要があります。**図7.2**に，
神経系の構成を示します。神経系は，大きく中枢神経系と末梢神経系に分類
されます。**中枢神経系**は脳と脊髄からなり，**末梢神経系**は脊髄から先の神経
を含みます。末梢神経系は，さらに運動や体の感覚に関わる体性神経系と，
内臓などの調整に関わる自律神経系に分かれます。

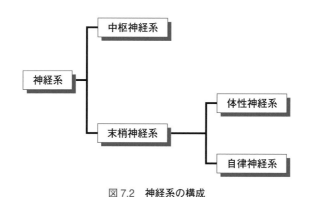

図 7.2　神経系の構成

7.2.1　大脳神経活動

　中枢神経系（**図7.3**）は脳と脊髄からなりますが，脳はさらに**大脳**，間脳，
小脳，中脳，橋，延髄に分類されています。中脳，橋，延髄をまとめて脳幹
ともいいます。心理学で研究対象としているのは，主に大脳の神経活動です。
大脳の表面は**大脳皮質**で覆われています。大脳皮質は灰白質（かいはくしつ）とも呼ばれ，こ

こに神経細胞（ニューロン）の細胞体が多く含まれます。大脳皮質の内側は
白質といい，神経細胞の軸索（神経線維）を含みます。大脳の深部には，大
脳基底核や大脳辺縁系といった皮質領域（灰白質）があります。

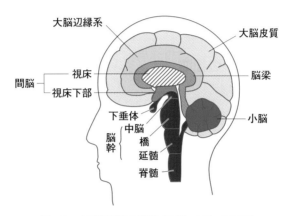

図7.3　中枢神経系の構造（本郷・廣重，2000）

　図7.4は大脳皮質の外観を示しています。大脳皮質の中央を左右に走る溝
が中心溝であり，それより前方を前頭葉，後方を頭頂葉といいます。外側溝

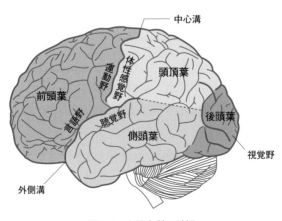

図7.4　大脳皮質の外観

よりも外側が側頭葉であり，もっとも後方の領域が後頭葉です。ヒトの脳は他の動物よりも前頭葉が発達しているという特徴があり，この領域がヒト特有の高次な認知機能（社会性など）と関連していると考えられています。

　大脳の各領域には，それぞれ特有の機能が存在していることが知られています。たとえば，前頭葉の後部には運動野があり，随意運動をコントロールしています。頭頂葉の前部には体性感覚野があり，触覚などの体性感覚情報が集まっています。後頭葉の一番後ろには視覚野があり，目からの視覚情報を処理しています。耳からの聴覚情報は，側頭葉の上部にある聴覚野に入力されます。事故や病気などで特定の領域を損傷すると，その領域に備わっている機能も損なわれてしまいます。このように特定の機能が特定の脳領域に局在していることを大脳の**機能局在**といいます。

7.2.2　**自律神経系活動**

　先ほど述べたように，末梢神経系は自律神経系と体性神経系に分類されますが，精神生理学的実験では主に自律神経系活動が測定されています。そこで，本節では**自律神経系**の働きについて説明します。自律神経系は，呼吸器，消化器，循環器など不随意器官（意思とは無関係に機能する器官）の調整をしています。自律神経系はさらに交感神経系と副交感神経系に分けられますが，多くの器官がその2つの神経系の両方からコントロール（二重支配）を受けています（図7.5）。

　交感神経系が優位になると心拍数が上昇し，気管支が拡張，筋肉へ多くの血液が供給されます。また，瞳孔が拡張し（光を多く取り入れる），立毛がおこり（ヒトの場合は，鳥肌が立つ），汗の分泌が促進されます。一方で，消化器の活動は抑制されます。交感神経系には，体に蓄えられたエネルギーを放出し，素早く体を動かせる状態にする働きがあります。

　睡眠時や休憩しているときには，**副交感神経系**が優位になります。心拍数は低下し，気管支は収縮，筋肉への血液供給は少なくなります。一方で，消化管への血液供給が増え，消化活動が活発になります。膀胱も収縮します。

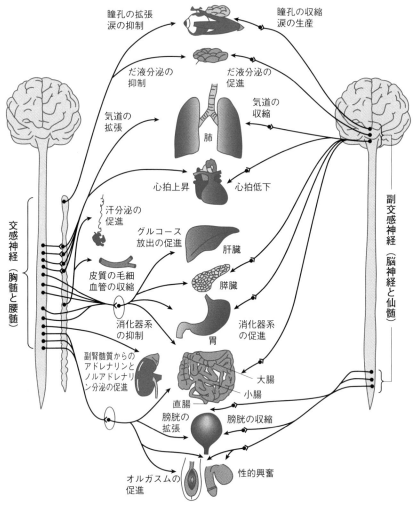

図7.5　自律神経系の機能
(Carlson, 2009)

このように，副交感神経系には，エネルギーを蓄える働きがあります。

　交感神経系と副交感神経系は，どちらか一方のみが働いているというわけではありません。どちらも常にある程度活動しています。たとえば，激しく

興奮すると，交感神経系が活発になり血圧が上昇します。圧受容器（血圧の
センサー）が血圧の上昇を感知すると，副交感神経系（迷走神経）の活性化
により心拍数を遅くすると同時に，交感神経系自体の活動が抑制されること
により血圧が低下します。このように両者が協調的に機能することによって
体内環境が維持されているのです。このような体内環境を一定に保つ働きを，
恒常性（ホメオスタシス）と呼びます。

7.3　生理指標の種類

　精神生理学的研究において用いられている代表的な生理指標を①大脳神経
活動の指標，②自律神経系活動の指標，および③視覚系反応の指標の3つに
分類して紹介します。なお，本章では健康なヒトを対象とした測定が可能な
非侵襲的な（生体への害が少ない）指標のみを取り上げます。

7.3.1　大脳神経活動の指標

　大脳皮質には，数百億個の神経細胞が存在しています。それらの神経細胞
一つひとつの活動を記録するには脳内に電極を挿入して電気的変化を記録す
る必要があります（単一ユニット記録）。当然ながら，そのような研究はヒト
を対象として実施することは困難であり，動物実験が中心となります。侵襲
性が低い大脳神経活動の指標として，以下のものが挙げられます（**表 7.2**）。

表7.2　主な大脳神経活動の指標

脳波（脳電図）	brain wave（electroencephalography；EEG）
脳 磁 図	magnetoencephalography；MEG
ポジトロン断層法	positron emission tomography；PET
機能的磁気共鳴画像法	functional magnetic resonance imaging；fMRI
近赤外分光法	near-infrared spectroscopy；NIRS

　脳波（EEG）は神経細胞の活動に伴う電気的変化を，MEG は神経細胞の

活動に伴う磁場（磁気）の変化をとらえています。PET，fMRI，NIRS は神経細胞の活動によって生じる血流の変化を主に測定しています。脳波とMEG では時間的に細かく分析することができるため，脳活動の時間的変化を検出する能力に優れています。しかし，脳のどこで活動が生じているのかを特定することは苦手としています。一方，PET や fMRI では時間的変化を調べることは難しいのですが，脳の活動領域を空間的にとらえることが得意です（NIRS では脳深部の活動は測定できません）。fMRI については 7.4 でさらに詳しく述べます。以下では，心理学領域における普及率が比較的高い脳波に絞って解説します。

1. 脳波の測定

　脳波は，大脳の神経細胞で発生する電気活動を総和的に記録したものです。脳波は通常，頭皮上から記録します。脳は軟膜，クモ膜，硬膜の 3 層の膜に包まれて保護されています。さらに，硬膜の外側には頭蓋骨と頭皮があり，軟膜とクモ膜の間は脳脊髄液で満たされています。これらの組織を通過する際に，電気信号が拡散・減弱しながら，頭皮上に届きます。

　脳波を測定する際には複数の電極を頭皮上に装着し，2 つの電極間の電位差（電圧）を脳波計により増幅して記録します。脳波の単位は μV（マイクロボルト）で表されます。1 μV は 100 万分の 1 V（ボルト）です。その電位は非常に小さいため，ちょっとした体の動きや瞬きによって脳波はかき消されてしまいます。これら測定対象とはしていない要因により混入した信号をアーチファクト（artifact）と呼びます。また，通常は 1 秒間に数回から数十回の電位変動が繰り返されています。1 秒間に何回繰り返されるかを周波数（Hz；ヘルツ）で表します。脳波は周波数帯域（周波数の範囲）により分類されており，4 Hz 未満を δ（デルタ）波，4〜8 Hz を θ（シータ）波，8〜13 Hz を α（アルファ）波，15 Hz 以上を β（ベータ）波といいます。

　健常な成人においては，目を閉じて安静にしていると，後頭部を中心に α 波が出現します（図 7.6）。しかし，興奮したり，暗算などの精神活動をしたりすると α 波が減少し，β 波が増加します。また脳波は，睡眠の深さに

応じて変化することが知られており，筋活動や眼球運動とあわせて，**睡眠段階**の判定にも用いられています。通常，寝始めたばかりのころは，θ波が多く出現しますが，眠りが深くなるとδ波が増加します。ところがさらに睡眠段階が進み，レム睡眠に入ると寝始めのころの脳波と類似します。レム睡眠中に寝ている人を起こすと夢を見ていることが多いことが知られています。

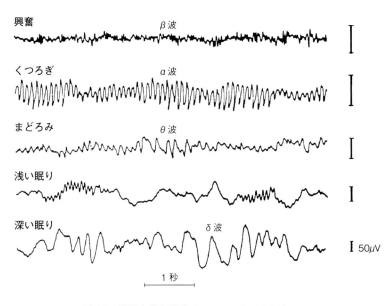

図 7.6 **覚醒水準と脳波** (Andreassi, 2000)

さらに脳波は加齢による影響も受けており，小児の脳波は成人に比べてゆっくりした波が多く，周波数は低い傾向があります。成長するに従い，周波数は高くなりますが，高齢者ではふたたび周波数が低くなります。

7.3.2 自律神経系活動の指標

前節で説明したように，自律神経系の活動によって，心拍や呼吸，血圧などの反応が変化することが知られています。表 7.3 に主な自律神経系活動の

指標を示します。脈波，呼吸曲線，皮膚電気活動については，次節で取り上げます。以下では，心電図と血圧について解説します。

表7.3　主な自律神経系活動の指標

心 電 図	electrocardiography；ECG
血　　圧	blood pressure；BP
収縮期血圧	systolic BP；SBP
拡張期血圧	diastolic BP；DBP
脈　　波	pulse wave
呼 吸 曲 線	respiration curve
皮膚電気活動	electrodermal activity；EDA

1. 心電図の測定

　心臓の働きを観察するためには，**心電図**（ECG）を用います。心電図とは心臓をはさんだ体表面に電極を装着し，その電気的活動を記録したものです。臨床的診断を行う場合には電極を胸部にも装着しますが，拍動の間隔のみを計測対象としている心理学的研究では四肢に電極を配置することが多いです。心電図はそれぞれの波形に P〜U までの記号が付されており，それらが心房および心室の電気的活動に対応しています（**図7.7**）。

　心電図の波形の中では R 波がもっとも検出しやすいため，拍動の間隔を測定する際には，R 波間の時間間隔（**R-R 間隔**）を算出するのが一般的です。R-R 間隔は心拍間隔（inter-beat interval；IBI）とも呼ばれています。一方，拍動の一定時間内の回数を**心拍数**（heart rate；HR）といいます。心拍数の単位は bpm（beats per minute）であり，1分間あたりの拍動数を表します。ヒトの平均心拍数は，安静時で 60〜90 bpm 程度です。心拍数は，日内変動，加齢，運動，姿勢，精神状態などにより変動します。

2. 血圧の測定

　心臓から送り出された血液が血管壁を押し広げようとする圧を**血圧**と呼び，mmHg（水銀柱ミリメートル）という単位で表します。**図7.8** は，リバロッチ法（聴診法）による血圧の測定方法を示しています。まず上腕に巻いたカ

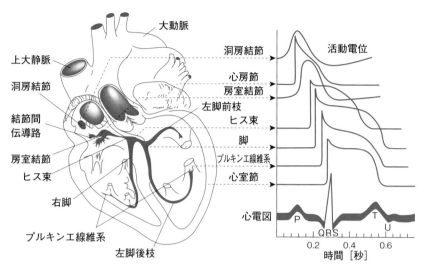

図7.7 心電図波形とその発生源
(Barrett et al., 2009)

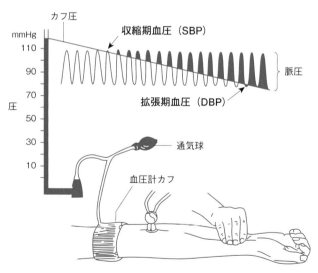

図7.8 リバロッチ法による血圧の測定
(澤田, 1998)

フ内に空気を送り込み，上腕動脈の血液が途絶するまで加圧します。そこで，カフの内圧を徐々に下げていくと血液が流れ出し，コロトコフ音（血流が血管壁を叩く音）が聞こえ始めます。このときのカフ圧が**収縮期血圧**（いわゆる最高血圧）です。さらにカフ圧を下げていくと，コロトコフ音が強まりますが，ある時点で弱くなり，やがて消失します。音が消失する際のカフ圧が**拡張期血圧**（いわゆる最低血圧）です。収縮期血圧は心臓の収縮により最大となる血圧，拡張期血圧は心臓の拡張に伴う血圧の最小値を表します。

　若年者における血圧の平均値は，収縮期血圧で約 125 mmHg，拡張期血圧で約 75 mmHg ですが，加齢とともに上昇します。また，収縮期血圧 140 mmHg 以上，または拡張期血圧 90 mmHg 以上を高血圧として取り扱っています。高血圧とは血圧が高いまま維持している状態であり，精神的，肉体的活動による血圧の一時的上昇は含みません。日内変動も顕著であり，睡眠中は収縮期血圧，拡張期血圧ともに減少します。

7.3.3　視覚系反応の指標

　「目は心の鏡」「目は口ほどに物をいう」といった諺があるように，視覚系の反応は，さまざまな心理状態を反映しています。主な指標として，眼球運動，瞬目活動，および瞳孔運動があります（**表 7.4**）。

表 7.4　**主な視覚系反応の指標**

眼 球 運 動	eye movement
跳躍眼球運動	saccade
追随眼球運動	smooth pursuit
瞬 目 活 動	eyeblink activity
随意性瞬目	voluntary eyeblink
反射性瞬目	eyeblink reflex
自発性瞬目	spontaneous eyeblink
瞳 孔 運 動	pupillary movement

1.　眼球運動の測定

　眼球運動の測定には，EOG 法もしくは光電子法を用いるのが一般的です。

EOG とは，**眼電図**（electrooculography；EOG）の略であり，目の上下左右に電極を配置し，電極間の電位差を測定します。眼球の前面はプラスの電位を帯びているので，目が右を向くと右側の電極がプラスに傾きます。上下の電極間の電位差を垂直 EOG，左右の電極間の電位差を水平 EOG と呼びます。光電子法は，角膜に光（赤外線）を当てて，黒目と白目の反射率の違いや反射した像の位置から眼球の動きをとらえる方法です。視線の動きを分析することで，視覚的注意がどこに向けられているのかを検討することができます。

　眼球運動には，跳躍眼球運動や追随眼球運動などがあります。**跳躍眼球運動**とは，ある対象から別の対象へ視線を移す際に観察される非常に速い眼球運動のことです。その速度は，角度にして 1 秒間に 300〜500° にもなります。**追随眼球運動**は，ゆっくりと動く対象を目で追う際に生じる眼球運動です。その動きはとても滑らかで，追跡すべき対象がない場合には，意識的にこの運動を行うことはできません。

　光電子法とは異なり EOG 法は閉眼時においても測定可能であるため，睡眠研究でも用いられています。レム睡眠中には，脳波が覚醒状態を示すとともに，眼球が素早く動く**急速眼球運動**（rapid eye movement；REM）が生じます。急速眼球運動の略（REM）がレム睡眠の語源にもなっています。

2. 瞬目活動の測定

　瞬目活動（瞬き）は，随意性瞬目，反射性瞬目，および自発性瞬目の 3 つに分類されます。**随意性瞬目**は意図的に行う瞬目であり，ウィンクなどが含まれます。**反射性瞬目**は突然の外的刺激（大きな音など）に対して反射的に生じる瞬目であり，驚愕反応の一部となっています。**自発性瞬目**は上記の 2 つ以外の瞬目であり，明白な外的刺激なしに自発的に生じます。心理学研究で主に用いられているのは，反射性瞬目と自発性瞬目です。

　反射性瞬目の測定には，**筋電図**（electromyography；EMG）がよく用いられます。目の下と目尻の外側に電極を配置することで，目の周囲にある眼輪筋の EMG を測定することができます。反射性瞬目は感情状態により影響

を受けており，快感情において反射量が減少，不快感情において増加します。また，驚愕反応を誘発する刺激の提示直前に予告刺激を提示すると反射量は抑制されます。この現象は**先行刺激抑制**（prepulse inhibition；PPI）と呼ばれて，認知的処理過程の検討に用いられています。

　自発性瞬目はビデオ撮影，もしくは垂直 EOG により測定することができます。瞬目の機能は，角膜の乾燥防止，眼球の保護などですが，心的活動も反映していることが明らかになっています。安静時には1分間に約20回の自発性瞬目が生じますが，認知課題の実施中や興味ある対象を見ているときは瞬目数が減少します。その他にも，感情状態や覚醒水準などの影響を受けています。

3.　瞳孔運動の測定

　眼球にはレンズの働きをする水晶体がありますが，その前面は虹彩で覆われています。虹彩はカメラの絞りに相当し，伸縮することで入ってくる光の量を調節しています。その虹彩の中央にあいている穴（光の通路）が瞳孔です。暗いところでは瞳孔が大きくなり（散瞳），より多くの光が取り込まれます。明るいところでは瞳孔が小さくなります（縮瞳）。散瞳は交感神経系，縮瞳は副交感神経系の支配を受けています（図 7.5 参照）。

　瞳孔は周囲の光量だけではなく，注視している対象に対する興味や関心などによっても変化します。興味をもっている対象を見ているときには，瞳孔は大きくなります。**瞳孔運動**の測定には，赤外線ビデオカメラを用いて撮影し，瞳孔サイズを連続的に計測する方法等が用いられています。

7.4 精神生理学的研究の実際① ──ポリグラフによる虚偽検出検査

　生理指標が実際にどのように使われているのかを具体的に見ていきましょう。本節ではポリグラフによる**虚偽検出検査**について，次節では fMRI を用いた脳活動の画像化について解説します。

　虚偽検出検査とは，いわゆる「嘘発見」です。嘘発見という言葉から，こ

の手続きによって，対象者が嘘をついているのか，それとも本当のことを言っているのかを判定していると思っている人が多いようです。しかし，実際にはこの手続きは嘘を発見するものではありません。この点について理解するために，対象者への質問方法について述べます。

7.4.1　質問方法

　質問方法には，有罪知識質問法，対照質問法，探索質問法などがありますが，ここでは日本において実施例の多い**有罪知識質問法**（Guilty Knowledge Test；GKT）について具体的に説明します。GKT は**隠匿情報検査**（Concealed Information Test；CIT）とも呼ばれています。表7.5 は，GKT の質問例です。

表7.5　**有罪知識質問法（GKT）の例**

1.　被害者の首をベルトで絞めましたか
2.　被害者の首をスカーフで絞めましたか
3.　被害者の首をタオルで絞めましたか（**裁決質問**）
4.　被害者の首をストッキングで絞めましたか
5.　被害者の首をネクタイで絞めましたか

　GKT では，「あなたは犯人ですか」と直接的に質問することはありません。その代わりに，事件に関連した情報について質問していきます。たとえば，殺人事件がおこった場合，その事件に関連した情報を収集して，質問文を作成します。その際，テレビなどのマスメディアにより報道された情報は除外し，犯罪行為を実施した犯人でしか知り得ない情報のみを選別します。**表7.5 の例**では，被害者の首を絞めた道具について質問しています。通常，このような質問のセットを数回繰返し提示します。実際に使用された道具がタオルであった場合，その質問を**裁決質問**（critical question）と呼びます。もし対象者がその情報を知っているのなら，裁決質問に対する生理反応が，それ以外の質問（非裁決質問）に対する生理反応よりも顕著になることが予想

されます。もし対象者がその情報について知らないのであれば，すべての質問に対して同じような生理反応が生じるはずです。緊張していると犯人と間違われやすいということはありません。なぜなら，緊張していても犯罪に関する情報を持っていなければ，すべての質問に対して同じような生理反応が生じるはずです。

　対象者は，通常すべての質問に「イイエ」と答えます。裁決質問に対して「イイエ」と答えることは，嘘をつくことになります。このことから嘘発見と呼ばれているのですが，「イイエ」という返答は必ずしも必要ではありません。たとえ「ハイ」と答えても，もしくは何も返答しなくても同じようなパターンの生理反応が観察されることが知られています。このように，虚偽検出検査は嘘を見抜くための手続きではなく，犯人でしか知り得ない情報を検査対象者が知っているかどうかを判定するための手続きなのです。

7.4.2　測定指標

　ポリグラフ（polygraph）とは，複数の（poly）生理反応を記録したもの（graph）という意味です。虚偽検出検査では，通常，皮膚電気活動，脈波，呼吸曲線を同時に記録しながら，さまざまな質問を対象者に提示します。各生理反応が，GKTにおいてどのように現れてくるのかを見ていきましょう。

1.　皮膚電気活動

　私たちは，暑いときだけでなく，緊張したときにも汗をかきます。暑いときにかく汗を温熱性発汗といい，体温の上昇を防ぐ役割があります。一方，緊張したときにかく汗を**精神性発汗**といいます。温熱性発汗が全身から分泌されるのに対して，精神性発汗は，手のひら，足の裏，わきの下など分泌する部位が限られています。**皮膚電気活動**は，この精神性発汗の分泌を測定しています。皮膚電気活動を測定するには，2つの電極間の電位差を測定する電位法，もしくは2つの電極間に微弱な電流を流して電極間の抵抗の変化を測定する通電法のどちらかを用います。

　図7.9は，GKTにおける皮膚電気活動の例を示しています。図中の上矢

印は質問を提示しているタイミングを示しており，そのうち「CRI」と書かれたものが裁決質問です。図の上段は，裁決質問に対して，他よりも明らかに大きな反応が現れています。一方，図の下段は裁決質問まではすべての質問に対して反応していますが，その後の質問には反応を示していません。このように，GKTにおける反応には一過性と持続性とがあります。一過性とは，裁決質問が提示されたときのみ反応が出現するパターンです（図7.9上段）。持続性とは，裁決質問を境として，反応が消失もしくは出現するようなパターンで（図7.9下段），裁決質問が提示されるまでは緊張してすべての質問に対して反応を示していたが，裁決質問が終わると安心して反応が出現しなくなるような場合が相当します。どちらの場合も，対象者は裁決質問に関する情報を知っていることになります。

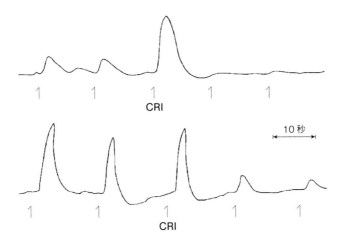

図7.9　**GKTにおける皮膚電気活動の例**（新美・鈴木，1986）
矢印は質問の提示時点，CRIは裁決質問を示す。

2. 呼吸曲線

　呼吸運動を測定する場合には，**呼吸曲線**を記録します。心理学的研究では，サーミスタ式，もしくはストレンゲージ式によって測定するのが一般的です。

サーミスタ式は，鼻の下に温度計を取り付けて測定します。通常，吐いた空気（呼気）は体温により温められており，外気温と同じである吸った空気（吸気）よりも温かくなっています。この温度差を利用することで，呼吸運動をとらえることができます。

ストレンゲージ式では，炭素粉末などが入ったチューブを胸部や腹部に巻きつけ，チューブ内に電流を流します。息を吸うと胸部や腹部が膨らみ，チューブが引っ張られると電気抵抗が大きくなります。息を吐くと胸部がしぼみ，チューブが太くなると電気抵抗が低下します。この電気抵抗の変化から，呼吸運動を測定します。

図7.10は，GKTにおける呼吸曲線の例を示しています。呼吸曲線は，精神的緊張に伴い振幅が減少し，時には呼吸が停止します。図の上段は振幅が減少している例であり，中段では呼吸が完全に一時停止しています。下段は持続的な反応パターンを示しており，徐々に振幅が低下していた呼吸曲線が裁決質問以降に元に戻っているのが分かります。どのパターンにおいても，対象者は裁決質問に対する反応を示しています。

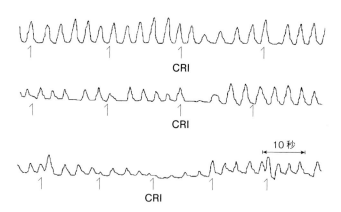

図7.10　**GKTにおける呼吸曲線の例**（新美・鈴木，1986）
矢印は質問の提示時点，CRIは裁決質問を示す。

3. 脈　　波

　心臓は血液を送り出すポンプの役割を担っていますが，心臓が収縮して血液が送り出されると，血管に流れる血液量が増加します。**脈波**は，この血液量の変化を測定しています。測定方法はさまざまなものがありますが，一般的に用いられているのは光電式です。血液中のヘモグロビンは，赤外線を吸収しやすい性質があります。そこで赤外線を指先や耳たぶに照射し，血液を透過した光の量もしくは血液に反射した光の量を計測することで脈波を測定しています。脈波は心臓の鼓動と対応しており，上昇部は心臓の収縮期，下降部は心臓の拡張期に相当します。

　図7.11は，GKTにおける脈波の例を示しています。脈波は，緊張して末梢血管が収縮すると振幅が減少し，基線（振幅の底部を結んだ線）が動揺します。図の上段は，裁決質問が提示されるまで減少していた振幅が，裁決質問以降に回復している様子を示しています。下段では，とくに裁決質問に対して基線の動揺が見られます。やはり，どちらも裁決質問に対する反応が認められる例です。

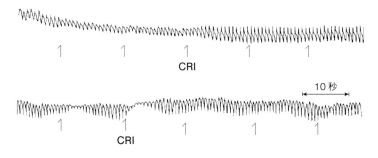

図7.11　**GKTにおける脈波の例**（新美・鈴木，1986）
矢印は質問の提示時点，CRIは裁決質問を示す。

7.4.3　**模擬犯罪とカウンターメジャー**

　大学等の研究施設においては，実際に事件に関与した容疑者に対して虚偽

検出検査を実施することはありません。大学生が対象者として参加すること
がほとんどでしょう。そのような状況においては，**模擬犯罪**（mock crime）
を実施することがあります。たとえば，誰もいない隣の部屋から模擬的に財
布を盗んできてもらいます。そのようにして，「犯罪」に関する情報を形成
したうえで，虚偽検出検査を実施します。

　カウンターメジャー（countermeasure）とは，虚偽検出検査時に対象者が
実施する対抗策のことで，物理的カウンターメジャーと精神的カウンターメ
ジャーに分類できます。物理的カウンターメジャーとは，体を動かしたり，
筋肉に力を入れたりすることで，生理指標の測定を妨害するものです。精神
的カウンターメジャーとは，考えごとをしたり，暗算をしたりすることで裁
決質問に対する生理反応を抑制する方法です。これらのカウンターメジャー
が虚偽検出検査に与える影響についても検討されています。

7.5 精神生理学的研究の実際②
——fMRI による脳活動の画像化

　近年の医療工学の発展により，脳の構造や機能を安全に（非侵襲的に）測定
することができるようになりました。**図 7.12** は脳の MR 構造画像（magnetic
resonance imaging；MRI）です。脳のあらゆる方向，角度から切り取った脳

A
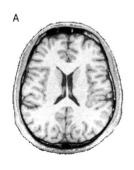

B
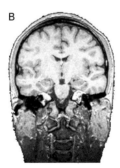

C
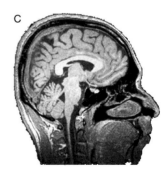

図 7.12　**MR 構造画像**
A は水平面，B は冠状面，C は矢状面。

の断面図を見ることが可能です。強い磁場内に生体を置いて電磁波を照射すると，水素原子が共鳴を起こし（**核磁気共鳴現象**），水素原子の量に応じた強度の信号（MR信号）が放出されます。水素原子の量は体の中の組織によって異なっており，脳梗塞，脳出血，脳腫瘍などの病変の位置や範囲を正確に特定できます。

7.5.1　fMRIとは

　fMRI（functional MRI）は，MRIと同じ装置を用いて，脳の構造ではなく機能（function）を画像化する方法です。fMRIでは，酸化ヘモグロビンと還元ヘモグロビンの磁気的な性質の違いを利用しています。血液中には，酸素と結合した酸化ヘモグロビンと，結合していない還元ヘモグロビンが存在しますが，両者は磁化率（磁化のされやすさ）が異なります。酸化ヘモグロビンに比べて，還元ヘモグロビンは磁化率が高く，周囲の磁場に不均一性を生じさせMR信号を低下させます。脳の局所的な神経活動が活性化すると，一時的に還元ヘモグロビンが増加しますが，実際の酸素消費量以上の酸化ヘモグロビンを含んだ血液がその領域に供給され，相対的に酸化ヘモグロビンの濃度が上昇し，MR信号は増加します。これをBOLD（blood oxygen level dependent）効果と呼んでおり，fMRIでは主にこのBOLD効果を計測していると考えられています。つまり，fMRIでは脳神経活動に伴った局所血流量変化をMR信号の相対的変化としてとらえ，間接的に脳の活動を測定しているのです。

　MRIを静止画とするならば，fMRIは動画です。対象者がMRI装置内で課題を実施している間に，MR画像を連続的に撮り続けます。そして，MR信号の時間的変動について解析します。図7.13はある脳領域における信号の強さの変動を示しています。図のように，刺激の提示に伴って信号強度が増加していれば，その脳領域が刺激の処理に関わっていると推測することができます。

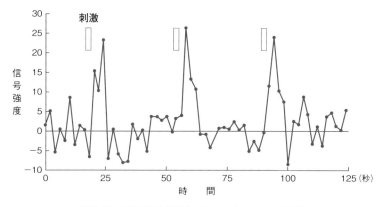

図7.13　**MRI 信号の変化**（Huettel et al., 2004）

7.5.2　fMRI データの解析

　fMRI のデータの解析は非常に複雑であるため，その概要について述べます。解析は，①前処理と②統計解析の 2 段階から構成されています。前処理では，まず収集された MR 画像の位置揃え（realignment）を行います。MR装置内では対象者の頭部は固定されていますが，どうしても体の動きなどによるズレが生じます。MR 画像の位置を揃えることで，そのズレを修正します。次に，形態的標準化（normalization）を実施します。対象者の脳の形態には個人差があるため，MR 画像を標準的な脳の形に変換し，形態を統一させます。最後は円滑化処理（smoothing）です。S/N 比（ノイズに対する信号の割合）を向上させるとともに，データの分布を標準的な形（正規分布）に近づけます。

　統計解析では，課題の実施に伴う血流変化の予測（血行動態反応関数）を収集したデータとともに統計モデル（一般線形モデル）に組み入れて解析することで，実際のデータが予測にあてはまるかどうかを検討します。解析はvoxel（立体的な pixel）単位で行います。fMRI では 1 回の撮影で数十万voxel のデータが収集されており，統計的検定（たとえば，その領域の活動が刺激の処理に関わっているかどうかの判定）をその回数だけ繰り返すと，

偶然に統計的に有意になる確率が大幅に上昇してしまいます。そこで，脳全体の有意になる確率を調整するための処理（多重比較補正）を行います。これらの手続きにより，予測された血流変化を実際に示した脳活動領域が抽出されます。統計解析の結果は，賦活マップ（activation map）により表現されます（図 7.14 参照）。

7.5.3　fMRI 実験の注意点

　fMRI 実験を実施するうえで注意すべき点について述べておきます。第 1 に，MRI 装置は強力な磁場を発生させるため，実験室内には金属類を持ち込めないということです。そのため，視覚刺激を提示する場合には液晶プロジェクタで実験室外から映像を投射したり，押しボタンも磁場の影響を受けにくい専用の機材を用意したりする必要があります。また，心臓のペースメーカーなど体内に金属がある人は対象者として実験に参加することができません。

　第 2 に，MRI 装置は大きな騒音を発生させます。耳栓をすることで対象者の不快感は低減できますが，聴覚刺激を提示する場合には注意が必要です。遮音性の高い専用のヘッドフォンを使用するか，もしくは MRI 撮影間の騒音の比較的少ない時間帯に聴覚刺激を提示する方法がとられています。

　最後に，結果の解釈上の注意点です。すでに述べましたが，MR 信号は相対的な値です。そのため，fMRI は実験条件を何らかの対照条件と比較する必要があります。当然ながら，対照条件を何にするのかによって，結果は大きく異なります。fMRI 実験を実施する際や結果を解釈するときは，実験条件だけでなく対照条件についても注意を向け，両者の違いがどのような心理過程を反映しているのかを考慮すべきです。

7.5.4　fMRI による虚偽検出検査

　前節ではポリグラフによる虚偽検出検査について説明しましたが，fMRI を用いて実施した例をここで紹介します。この研究では，カードテストを実

施しています。対象者にトランプカードを 1 枚引かせて，そのカード（裁決
刺激）を脳活動から特定すると伝えます。対象者は，カードを特定されない
ように冷静に対処しなければなりません。この研究では，対象者は「イイ
エ」と応答していません。カードに注意を向けるための課題を実施している
だけです。図 7.14 は，裁決刺激に対する脳活動が，他のカード（非裁決刺
激）に対する活動よりも顕著な増加を示した脳領域です。とくに，腹外側前
頭前野（ventrolateral prefrontal area；VLPF）という領域が強く活性化して
おり，この領域が裁決刺激の処理に関与していることが分かります。

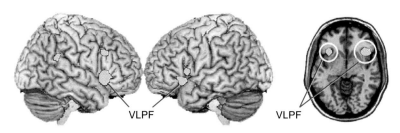

図 7.14　**裁決刺激に対する脳活動**（Nose et al., 2009）
VLPF：腹外側前頭前野。

　このように，fMRI を用いることで特定の心的活動に関わる脳活動領域を
画像化することができます。しかし，fMRI 実験の注意点でも述べたように，
fMRI には測定上の制限があり，それが実験手続きにも影響します。たとえ
ば，fMRI とポリグラフを用いた虚偽検出検査には，以下のような手続き的
な違いがあります。
　まず，ポリグラフによる虚偽検出検査では聴覚的に刺激（質問）を提示す
ることが多いのですが，fMRI による虚偽検出検査では MRI 装置が発生させ
る騒音のため視覚的に刺激を提示する場合が多いです。また，ポリグラフの
測定では実験者が対象者と対面しているのに対して，fMRI では実験者は
MRI 室に入りません。実験室外からモニターしてはいますが，対象者は
MRI 室に一人にされます。さらに，ポリグラフでは同一刺激を数回しか反

復提示しませんが，fMRIではデータのS/N比の低さを補うために数十回の反復提示が必要となります。生理指標が違えば，測定手続きも異なってきます。良質な生理データを測定するためには，その指標に合った実験手続きについても考慮しなければなりません。また，それに伴い各指標に反映される心理過程も異なってくる場合があります。

3つの反応系

　精神生理学的研究では，生理反応のみを測定するわけではありません。生理反応のみではとらえられない現象もあるためです。精神生理学的研究では，生理反応，行動，言語報告の3つの反応系を実験内容によって組み合わせて測定します。以下に，それぞれの特徴をまとめておきます。

7.6.1　生 理 反 応

　生理反応は対象者自身によりコントロールすることが困難であるため，顕在化していない心の動きを探るのに適しています（たとえば，虚偽検出検査）。睡眠中など他の反応系を測定できない状況においては，とくに有用です。ただし機材が高価であり，測定技術の習得に時間を要することが多いです。

　可能ならば，複数の生理反応を組み合わせて測定することが望まれます。たとえば，中枢神経系活動の指標（脳波）と末梢神経系活動の指標（心電図，呼吸曲線）を同時に計測することで，神経系の全体的な反応傾向を把握することができます。

7.6.2　行　　動

　行動観察で対象となるような**行動**だけではなく，ボタン押し課題における反応時間や記憶課題における再生率なども含まれます。専用の映像機器やコンピュータを用いることで，目で見ただけでは分からないような微細な動き

や瞬間的な動きもとらえることが可能です。使用機材によっては，測定技術の習得が必要になる場合があります。

7.6.3　言語報告

言語報告では質問紙（心理尺度や性格検査）による調査を実施します。実験終了後に対象者に感想や気づいたことを尋ねる内省報告（2章参照）も含まれます。対象者の主観による影響を受けやすく，また言語能力を有していない乳幼児を対象とすることはできません。しかし，他の反応系よりも手軽に実施できるので，対象者への負担はもっとも少ないです。

これらの反応系を併せて測定しておく目的の一つは，独立変数の操作に成功しているか，実験が問題なく実施されているかをチェックすることにあります。課題の反応時間を測定しておくことで，対象者が適切に課題を遂行していたことを確認することが可能です。感情状態を操作する研究では，気分を評定する調査用紙等を用いることで操作チェック（2章参照）を行うことが一般的です。実験終了後に実施する内省報告は，実験者が見落としてしまっていた情報を補うことができます。

また多くの反応系を測定することで，より多角的な検討が可能となります。たとえば，課題の遂行に成功した場合と失敗した場合の生理反応を行動データから分類すると，両者を一緒に解析していては分からなかった特徴が明らかになる場合があります。

一方で，測定する指標が増えれば増えるほど，対象者の負担が増え，拘束時間が長くなります。対象者が疲労すると，対象としていた心理現象をうまくとらえることができなくなってしまいます。各指標の測定が，対象者にとって過度の負担になっていないか事前にチェックしておくことが求められます。

参 考 図 書

堀 忠雄・尾崎 久記（監修）坂田 省吾・山田 冨美雄（編）（2017）．生理心理学
　　と精神生理学　第Ⅰ巻　基礎　北大路書房

　3巻シリーズの第1巻。精神生理学（生理心理学）について網羅的に学ぶことが
できます。2巻，3巻では精神生理学的手法を用いた応用研究が紹介されています。

堀 忠雄（2008）．生理心理学——人間の行動を生理指標で測る——　培風館

　精神生理学の基礎知識がコンパクトにまとめられています。

カールソン, N. R. 泰羅 雅登・中村 克樹（監訳）（2013）．第4版 カールソン神
　　経科学テキスト——脳と行動——　丸善

　脳科学（認知神経科学）に関して，より詳しい知識を得ることができます。

キーワード

心身相関　神経心理学　精神生理学　生理心理学　神経系　中枢神経系　末梢神経
系　大脳　大脳皮質　機能局在　自律神経系　交感神経系　副交感神経系　恒常性
ホメオスタシス　脳波　δ（デルタ）波　θ（シータ）波　α（アルファ）波　β
（ベータ）波　睡眠段階　心電図　R-R 間隔　心拍数　血圧　収縮期血圧　拡張期
血圧　眼球運動　眼電図　跳躍眼球運動　追随眼球運動　急速眼球運動　瞬目活動
随意性瞬目　反射性瞬目　自発性瞬目　筋電図　先行刺激抑制　瞳孔運動　虚偽検
出検査　有罪知識質問法　隠匿情報検査　裁決質問　ポリグラフ　精神性発汗　皮
膚電気活動　呼吸曲線　脈波　模擬犯罪　カウンターメジャー　MRI　核磁気共鳴
現象　fMRI　BOLD 効果　生理反応　行動　言語報告

心理学論文執筆法
——卒業論文のために

章

8.1 論 文 例

　本章では,「村井 潤一郎（2000）．青年の日常生活における欺瞞　性格心理学研究, *9*, 56-57.」を例に，卒業論文を想定して，心理学論文の書き方を説明していきます。まず，ほぼ全文をそのまま引用しますので（脚注などは除いてあります），ご一読ください（以下，この論文を「うそ論文」と略記します）。

青年の日常生活における欺瞞
村井潤一郎

問題と目的

　"青年は1日に何回くらいうそをついているのであろうか" "うそだと思う瞬間は1日に何回くらいあるのだろうか"。本研究の目的は，こうした素朴な問いに答えることである。

　我が国では，生理心理学等を除くと，これまで，うそに関する研究は未発達であったが，近年，欺瞞性の認知に関する一連の研究がなされている（村井，1998a，1998b，1999）。しかしながら，そうした認知の基盤となる日常生活における欺瞞の実態については未検討である。そこで本研究では，青年に1週間，日記を携行させるという方法をとり，日常生活において，欺瞞的行動（うそをつくこと）及び欺瞞性の認知（うそだと思うこ

と）がいかなる様相を呈しているか，という点について検討する。

　DePaulo, B. M., Kashy, D. A., Kirkendol, S. E., Wyer, M. M., & Epstein, J. A.（1996）は，Rochester Interaction Record（RIR）という日記法を用い，日常生活において，1日何回程度うそがつかれているのか，といった点について検討した。その結果，米国の大学生は，1日平均1.96回うそをついていることが分かった（男性1.84回，女性2.04回）。また，うその回数を社会的相互作用（以下"相互作用"と略記）の数で除した場合，相互作用1回に0.31回（＝相互作用3.23回に1回）うそをついていることが分かった（男性0.32回，女性0.30回）。本研究では，この研究手法に従いつつ，うそをつく回数に加えて，"うそだと思う瞬間は1日に何回くらいあるか"といった点についても合わせて検討することとし，日本の青年におけるデータを収集した。

方　　法

　米国の結果と比較することを想定し，基本的には，DePaulo et al.（1996）の研究手法を踏襲した。参加者の課題は，1週間，日記（記録用紙）を常に携行し，自分と他者との相互作用の内容を記入すること，及び，その相互作用の中で，自分がうそをついた場合の内容・相手がうそをついたと思った場合の内容，等について，できるだけ早く記入することである。実際には，清書用の日記と，その縮小版である携帯用の日記（ポケットサイズ）の2つがあり，参加者は後者を携帯し，適宜，清書用の日記に転記した。携帯用の日記は，記憶の歪曲をできるだけ防ぐためのものであり，転記する際の手掛かりとなる。

　記録に際しては，言葉の定義が重要となる。"社会的相互作用"とは"10分以上続く，二人もしくはそれ以上の人の相互的なやりとり"であり，"双方が相手に対して働きかけをし，相手の働きかけに対して何らかの反応をする"ことである。また，本研究では，"うそ"とは"意図的に誰かをだまそうとする試み"である。よって，だます意図のない"勘違い""皮肉"はうそではなく，だます意図のある"冗談""誇張""謙遜"はうそとなる。また，非言語的なものもうそに含まれる。なお，厳密には，「うそ」とは言語的なものを指すため，ここで言う「うそ」は，むしろ

「欺瞞」の意味内容である（詳しくは，村井（2000）を参照）。

　清書用の日記は，A4 判の大きさで，相互作用について記入する部分（日付，開始・終了時間，……），自分がついたうそについて記入する部分（うその内容，うそをついた理由，……），他者がついたうそについて記入する部分（うその内容，うそだと思った理由，……）の，3 つの部分から成る。参加者は，自分が関与した相互作用すべてについて記入する。うそをつかなかった，あるいはつかれなかったものについても記入するが，その場合は相互作用に関する記入のみ行う。1 つの相互作用及びうそにつき，1 枚を使用する。

　参加者には，教示後にあらためて参加の意志を確認した。記録の開始後のリタイアも可能であることを伝え，教示用冊子，日記（清書用，携帯用），謝金を渡した。参加者には 3 日目にいったん会い，教示に従っているかどうかのチェック，及び質問を受けつけた。記録終了後，すなわち 8 日目にふたたび会い，事後質問紙への回答等を求めた。記録済みの日記と事後質問紙については，そのすべてについて ID 番号を記入してもらい，参加者により封筒に密封された。

　参加者に対しては，詳細な教示を行った（平均教示時間は 47 分）。参加者は大学生・大学院生 24 名（男性 12 名・女性 12 名）であり，年齢は 18〜25 歳（平均年齢 21 歳）であった。

結果と考察

　以下，紙幅の都合上，主な結果についてのみ報告する。まず，相互作用の回数，自分がついたうその回数，他者についてうそだと思った回数，について（いずれも 1 日あたりの平均）の結果を男女別に示す（Table 1）。

　男性は 1 日平均 1.57 回，女性は 1 日平均 1.96 回うそをついていた。これらの値は，先行研究（米国）の結果とほぼ同じである。一方，他者をうそだと思う瞬間は，男女とも，1 日に 0.36 回，つまり 3 日に 1 回程度であり，うそをつくことと比較して生起頻度が低い。このギャップが意味するところは，我々はうその多くを検知しないまま日常生活を送っているということであろう。

Table 1　1日あたりの平均回数と標準偏差（括弧内）

	男性	女性
社会的相互作用	4.15（2.02）	6.54（1.65）
自分がうそをつく	1.57（1.11）	1.96（1.77）
他者をうそだと思う	0.36（0.44）	0.36（0.42）

　ところで，そもそも相互作用の回数が多ければ，それだけうそをつく機会も多くなることを考慮すると，単純に回数だけをみることには問題がある。そこで，先行研究と同様，うその回数を相互作用の数で除した場合の平均値を算出した（Table 2）。

Table 2　社会的相互作用1回あたりのうその回数の
平均値と標準偏差（括弧内）

	男性	女性
自分がうそをつく	0.37（0.17）	0.32（0.31）
他者をうそだと思う	0.09（0.09）	0.05（0.06）

　男性は，相互作用1回に0.37回（＝相互作用2.7回に1回）のうそをつき，女性は，相互作用1回に0.32回（＝相互作用3.13回に1回）のうそをついていることになる。これについても米国の結果と類似している。一方，他者をうそだと思う瞬間は，男性では相互作用1回に0.09回（＝相互作用11.11回に1回），女性では相互作用1回に0.05回（＝相互作用20回に1回）という小さな値であった。ここにおいてもやはり，「うそをつくこと」と「うそだと思うこと」の間にギャップが認められる。我々は，毎日の生活の中で，うそをつき，その一方でつかれたうその多くを見逃しながら，円滑なコミュニケーションを営んでいるのであろう。

　次に，Table 1，Table 2のすべての平均値について，性差を検討するためt検定を行ったところ，相互作用の平均回数には有意差が認められた（$t(22) = 3.17$，$p < .01$）が，うそに関してはいずれも有意差は認められなかった。「うその回数」という表層レベルにおいては，性差は検出されないようである。

なお，日記法を用いた場合，記録漏れが，うその回数を過小評価してい
る可能性がある。そこで，Table 3 に，修正後の回数（事後質問紙で，相
互作用，自分のうそ，他者のうそは，各々何％くらい記入できたか尋ねて
いるが，この値を用いて修正を加えたものである）を補足的に示しておい
た。

Table 3　Table 1, Table 2 の修正値

	男性	女性
Table 1		
社会的相互作用	5.27 (2.61)	7.93 (2.51)
自分がうそをつく	2.23 (1.52)	2.46 (2.44)
他者をうそだと思う	0.57 (0.73)	0.55 (0.72)
Table 2		
自分がうそをつく	0.42 (0.19)	0.32 (0.35)
他者をうそだと思う	0.10 (0.11)	0.07 (0.09)

　以上，RIR という日記法を用いることにより，貴重な知見を得ることが
できた。本邦において RIR を用いた研究は，三宅（1997），牧野・田上
（1998）等，わずかである。しかしながら，とくに日常性という点に着目
する場合，本手法は，様々な心理学研究に有効であると思われる。

引 用 文 献

DePaulo, B. M., Kashy, D. A., Kirkendol, S. E., Wyer, M. M., & Epstein, J. A.
　　(1996). Lying in everyday life. *Journal of Personality and Social Psychology, 70,*
　　979-995.
牧野 由美子・田上 不二夫（1998）．主観的幸福感と社会的相互作用の関係　教
　　育心理学研究, *46,* 52-57.
三宅 邦建（1997）．社会的相互作用記録作成の試み──社会的相互作用，孤独感，
　　マキャベリズム──　日本社会心理学会第 38 回大会発表論文集, 124-125.
村井 潤一郎（1998a）．話し手と聞き手の関係が発言内容の欺瞞性の認知に及ぼ
　　す影響　計量国語学, *21,* 162-169.
村井 潤一郎（1998b）．情報操作理論に基づく発言内容の欺瞞性の分析　心理学
　　研究, *69,* 401-407.

村井　潤一郎（1999）．恋愛関係において発言内容の好意性が欺瞞性の認知に及ぼ
　　す影響　心理学研究, *70*, 421-426.
村井　潤一郎（2000）．ウソという言葉――言語的側面へのアプローチ――　平
　　伸二・中山　誠・桐生　正幸・足立　浩平（編著）ウソ発見――犯人と記憶の
　　かけらを探して――（pp. 13-22）　北大路書房

8.2　論文の構成

　このように，論文は，大きく分けて「問題と目的」「方法」「結果と考察」
「引用文献」の4つのセクションから成ります（論文によって，若干異なり
ます）。なお，要約をつけることが一般的です（うそ論文にはありませんが）。
学会誌への投稿論文などでは英語の要約をつけますが，これを**アブストラク
ト**と言います。また，卒業論文などでは最後に「付録」として，たとえば使
用した質問紙などを添付する場合もあります。以下順に，うそ論文を例に，
論文をどのように書いたらよいのか，について解説していきたいと思います。

8.3　問題と目的

　「問題と目的」では，「なぜこの研究をやるのか」という点について，先行
研究を引用しながら書きます。これはかなり難しいと思います。論文のはじ
めの部分ですから，その論文を印象付けてしまうことになるので，慎重に執
筆する必要があります。それではどのように書いたらよいのでしょうか。
　まず，冒頭部分に「この論文ではこんなことをやります」という「所信表
明演説」のようなものを書くとよいのではないかと思います。と言いますの
も，いろいろな卒業論文を読んでいて，読んでも読んでも実際に何を研究し
たのかなかなか見えてこない，というものが非常に多いからです。うそ論文
の冒頭では，

　　　"青年は1日に何回くらいうそをついているのであろうか""うそだと思
　　　う瞬間は1日に何回くらいあるのだろうか"。本研究の目的は，こうした
　　　素朴な問いに答えることである。

とあります。最初にこのような感じで，分かりやすく「これをやります」と
宣言するとよいかと思います。最初は大切です。話は全然違いますが，たと
えばベートーベンの交響曲第5番「運命」は，あの冒頭部分が非常に効いて
います（他の楽曲でも，冒頭に印象的なフレーズがあることがありますよ
ね）。論文でも，理想的にはそういう感じで，オープニングを飾ることがで
きるとよいと思います。もちろん，人によっては，こうした冒頭の「宣言」
を書かない場合もありますから，必ずこういうことを書かなくてはいけない
ということではありません。好みの問題でしょう。ただ，卒業論文の指導の
際，「問題と目的」を読んでいても「結局，あなたは何をやったの？」「何が
やりたかったの？」と疑問に思うことがたびたびあります。また，論文は説
得的であることが理想ですが，それには「論理」とともに「思い」が必要で
す。もちろん，あくまで論文ですから，そうした思いを文章として表に出し
すぎることはあまりよくないので，思いを持ちつつ論文を執筆し，その熱い
思いを論文に封じ込める，これが論文執筆のプロセスでしょう。

　以上のようなちょっとした導入を提示した後，いよいよ先行研究への言及
に入ります。ここで注意すべきことは，単なる研究の羅列にならないように
するということです。「こんな研究があります」とだらだらと先行研究を書
き連ねる人がいますが，これは論文のリストにすぎません。自分はそれらの
論文をどう読み，先行研究をどう評価したかを書きます。それを「先行研究
で○○が分かってきているが，△△が問題点として残っている，そこで本研
究をすることにした」という流れにするのがよいでしょう。

　うそ論文をみてみましょう。

　　　　我が国では，生理心理学等を除くと，これまで，うそに関する研究は未

　　発達であったが，近年，欺瞞性の認知に関する一連の研究がなされている
　　（村井，1998a，1998b，1999）。

が，これまでの研究についての言及です（うそ論文は短いものですのでこれ
だけですが，実際の卒業研究などで扱うテーマでは，ものにもよりますが先
行研究は少なくないはずで，それらを順序立ててこれよりももっと長く書く
ことになるでしょう）。

　　　　しかしながら，そうした認知の基盤となる日常生活における欺瞞の実態
　　については未検討である。

が問題点の提示です（本当は，これだけでは不十分でしょう。日常生活にお
ける欺瞞の実態について検討すると，どんなよいことがあるのか，という
「研究の意義」についての言及が不十分だからです）。
　続いて，

　　　　そこで本研究では，青年に 1 週間，日記を携行させるという方法をとり，
　　日常生活において，欺瞞的行動（うそをつくこと）及び欺瞞性の認知（う
　　そだと思うこと）がいかなる様相を呈しているか，という点について検討
　　する。

というのが，「だからこういうことをやる」ということについて述べている
部分です。その後に，さらに具体的に，

　　DePaulo, B. M., Kashy, D. A., Kirkendol, S. E., Wyer, M. M., & Epstein, J.
　　A.（1996）は，Rochester Interaction Record（RIR）という日記法を用い，
　　日常生活において，1 日何回程度うそがつかれているのか，といった点に
　　ついて検討した。その結果，米国の大学生は，1 日平均 1.96 回うそをつい
　　ていることが分かった（男性 1.84 回，女性 2.04 回）。また，うその回数を
　　社会的相互作用（以下 "相互作用" と略記）の数で除した場合，相互作用

1回に 0.31 回（＝相互作用 3.23 回に 1 回）うそをついていることが分か
った（男性 0.32 回，女性 0.30 回）。本研究では，この研究手法に従いつつ，
うそをつく回数に加えて，"うそだと思う瞬間は 1 日に何回くらいあるか"
といった点についても合わせて検討することとし，日本の青年におけるデ
ータを収集した。

という説明書きをしています。「具体的にこんなことをした」という点につ
いては，できるだけ明確に書いたほうがよいと思います。研究の具体的な姿
を，早い段階で読み手に提示することで，読み手はスムーズに流れにのるこ
とができます。

　以下に，「問題と目的」について，いくつか補足をしておきます。

　第 1 に，「何となく関連がありそうだから○○を研究します」というのは
好ましくありません。それだけでは研究の焦点がぼけるからです（さすがに，
実際にそう書いてしまう人はいないでしょうが……）。もちろん，研究を始
める段階では「何となく関連がありそうだから」ということはあるでしょう。
うそ論文でも「いかなる様相を呈しているか検討する」とありますから，そ
の「何となく」という意識が見え隠れしているのも事実です。その意味では，
うそ論文のこの表現はあまり好ましいものではないかもしれません。それで
はどうすればよいのでしょう。もともとは素朴な疑問，思いつきのテーマで
あったものを，先行研究に照らして検討し直し，それが研究史の中にどう位
置づけられるのか，自分のやろうとしていることが先行研究をいかに展開し
うるか，について検討することが必要です。この成果を「問題と目的」で書
くのです。その意味で，うそ論文は，（短い論文であるという事情はありま
すが）不十分であると言わざるを得ません。

　第 2 に，自分の意見と他者の意見を区別してください。卒業論文を読んで
いて「どうもプロっぽい文章だな」と思ったら，引用元を明記せずにそのま
ま引っ張ってきているケースがあります。これは，他者の意見を自分のもの
として述べていることになり「剽窃」という問題のある行為になってしまい

ます。事実と意見，事実と推論，自分の意見と誰か他の人の意見（説）とを，きちんと区別して書くように注意してください。なお，意図的に，引用なしに丸ごと引っ張ってくることが問題になることは言うまでもないのですが，実際に文章を書いていると，どこかで読んだことを，まるで自分のオリジナルの考えであるかのように執筆してしまうこともあります。たくさんの文献を読みこなす上で，「どこで読んだのか」という記憶の源が分からなくなってしまっているのです（認知心理学では，これを記憶のソース・モニタリングと言います）。ちょっとでも気になる点があったら，念のため関連文献を当たってみることをお薦めします。

　第3に，ただ「これまでこんな研究がなかったから研究します」という理由で研究するのはあまりよくありません。うそ論文では，「これまで，うそに関する研究は未発達であったが」と，「これまでなかったからやる」という書き方になっていますが，これは十分ではありません。本来は「これまでなかった。この現状で，新たにこれについて研究することでこんなによいことがある」と膨らませて書くべきところです。もし，「これまでこんな研究がなかったから研究します」とだけ書いたらどう思われるでしょうか。「これまで研究されてこなかったのは，そんなことやっても意味がないからじゃない？」と言われてしまうかもしれません。ですから「これまでにない。しかし，それについて研究するとこんなよいことがある。だから研究します」というように論理的な流れで書くことが重要です。つまり「研究の意義」を提示するのです。

　第4に，卒業論文で意外に多いのが，自分の研究とあまり関係のない論文を，やたらに引用するというケースです。もちろん，まったく関係のない論文を引用する人はまれです。ですが「必ずしも関係ないとは言えないが，直接的な関係がない，全般的・周辺的なもの」をだらだらと引用し続けて，「結局この人は何をやりたいのかな？」と読み手に思わせてしまう「問題と目的」をよく見かけます。

　以上，ともすると筆者自身でも十分には実践できていないような留意点を

書いてきましたが，自戒の意味を込めて書きました。実際，「うそ論文では
ここがまずい」ということについても書いてきました。重要なことなので，
再度まとめておきましょう。うそ論文では，

・先行研究についての言及が少ない　→　実際には，多くの先行研究を読み
こなし，それらを流れよく構成すべき。

・まるで「何となく」研究するかのようなニュアンスが出ており，研究の意
義についての記述が不十分である　→　実際には，「先行研究ではまだ検討
されておらず，今回の研究でこれについて検討すればこのようなよいことが
ある」とうたうべき。

という問題点があると思います。もちろん，うそ論文は紙幅の制限という事
情もあるのですが，上記の点について意識することは皆さんにとって重要に
なると思います。
　ちなみに，学術雑誌に掲載された論文であっても（審査を通過した論文で
あっても），このように穴はあるものです。もちろん，実際には「隙のない
論文」というものはありますが，「まったく隙がない」ということはまずな
いと思います。皆さんは，「学術雑誌に掲載されたものだから完璧なのだろ
う」などとけっして思わず，どこが問題なのかと，論文を批判的に読むこと
が必要です。「批判的に読む」ということは「ただ読む」ということとは大
きく違います。「ただ読む」ということは，週刊誌などを読む場合の姿勢で
す。そうではなく，「この論文では，何が良くて何が悪いか，何を明らかに
していて何を明らかにできていないか」といった点を念頭に置きながら読ん
でいくのです。そうした視点で読むことにより，新たな研究の発想が思い浮
かぶものですし，そうした読み方をすることで，自身の論文で「問題と目
的」をうまく書けるようになるのです。

8.4　方　　法

　「方法」は「手続き」と書くこともあります。この部分では，調査方法，参加者，などについて記述します。科学では再現性が重要ですから，この部分を正確に書くことは必須です。「参加者」という語ですが，「研究参加者」と表記することもあり，またこの他「対象者（研究対象者）」あるいは「協力者（あるいは研究協力者）」と表現することもあり，文脈に応じて使い分けます（1章参照）。「協力者」を例に挙げますと，調査の場合「調査協力者」，実験の場合「実験協力者」と書き分けることもありますが，「実験協力者」と言うと，実験に協力してくれる「サクラ」がイメージされる場合もあるので，少し注意が必要です。なお最近は，倫理的観点から「被験者」という言葉は使われなくなってきています。うそ論文では「参加者」という言葉を使っています。

　さて，うそ論文の「方法」を見てみましょう。

　　米国の結果と比較することを想定し，基本的には，DePaulo et al.（1996）の研究手法を踏襲した。参加者の課題は，1週間，日記（記録用紙）を常に携行し，自分と他者との相互作用の内容を記入すること，及び，その相互作用の中で，自分がうそをついた場合の内容・相手がうそをついたと思った場合の内容，等について，できるだけ早く記入することである。実際には，清書用の日記と，その縮小版である携帯用の日記（ポケットサイズ）の2つがあり，参加者は後者を携帯し，適宜，清書用の日記に転記した。携帯用の日記は，記憶の歪曲をできるだけ防ぐためのものであり，転記する際の手掛かりとなる。

　　記録に際しては，言葉の定義が重要となる。"社会的相互作用"とは"10分以上続く，二人もしくはそれ以上の人の相互的なやりとり"であり，"双方が相手に対して働きかけをし，相手の働きかけに対して何らかの反応をする"ことである。また，本研究では，"うそ"とは"意図的に誰かをだまそうとする試み"である。よって，だます意図のない"勘違い""皮肉"はうそではなく，だます意図のある"冗談""誇張""謙遜"はう

そとなる。また，非言語的なものもうそに含まれる。なお，厳密には，「うそ」とは言語的なものを指すため，ここで言う「うそ」は，むしろ「欺瞞」の意味内容である（詳しくは，村井（2000）を参照）。

　清書用の日記は，A4 判の大きさで，相互作用について記入する部分（日付，開始・終了時間，……），自分がついたうそについて記入する部分（うその内容，うそをついた理由，……），他者がついたうそについて記入する部分（うその内容，うそだと思った理由，……）の，3 つの部分から成る。参加者は，自分が関与した相互作用すべてについて記入する。うそをつかなかった，あるいはつかれなかったものについても記入するが，その場合は相互作用に関する記入のみ行う。1 つの相互作用及びうそにつき，1 枚を使用する。

　参加者には，教示後にあらためて参加の意志を確認した。記録の開始後のリタイアも可能であることを伝え，教示用冊子，日記（清書用，携帯用），謝金を渡した。参加者には 3 日目にいったん会い，教示に従っているかどうかのチェック，及び質問を受けつけた。記録終了後，すなわち 8 日目にふたたび会い，事後質問紙への回答等を求めた。記録済みの日記と事後質問紙については，そのすべてについて ID 番号を記入してもらい，参加者により封筒に密封された。

　参加者に対しては，詳細な教示を行った（平均教示時間は 47 分）。

　これは，かなり長いほうだと思います。と言いますのも，うそ論文では「日記法」というそれほど多用されていない手法を用いているからです。一般に，論文では「問題と目的」が長く，それに比べて「方法」は短いことが多いのですが，うそ論文の場合，論文全体が短いこと，研究手法があまり知られていない，という事情から，一般とは少し違っています。

　「方法」の最後に，

　　　参加者は大学生・大学院生 24 名（男性 12 名・女性 12 名）であり，年齢は 18〜25 歳（平均年齢 21 歳）であった。

と，参加者の数などについて記してあります。なお，研究参加者への教示の内容についてきちんと記述されていないのですが，もっと長い論文であれば，細かく記述する必要があるでしょう。

8.5 結果と考察

「結果と考察」ですが，「結果」と「考察」とに分けて書く場合もあります。筆者は分けずに書いたほうがよいと思っています。まず結果だけを書いて，考察は後で別に書く，ということはやや無理があると思うからです。結果を書くと，その結果の意味についての考察や討論が浮かび上がってくる，この流れを読み手に伝えることが自然ですし，説得的でしょう。一方，読み手は，結果が提示されれば，「なぜそういう結果が得られたのか」という考察をすぐに知りたいと思うでしょう（少なくとも筆者はそうです）。ですが，「結果」と「考察」を分けるか分けないかという点については好みもあります。まず「結果」のみをまとめて書いておき，それらを受けて「考察」を書くことを好む人もいます。結局は，どちらが自分にとって自然か，そして読み手に言いたいことが伝わりやすいか，ということを考え，各自が判断することになります。

「結果と考察」では，○○の結果が得られた（＝結果），これは△△だからであろう（＝考察），ということを書いていきます。考察は，「なぜそういう結果が得られたのか」について言及する部分です。「結果と考察」には図表が挿入されますが，図表は見やすいことが一番です。いろいろな論文を見て，見やすい図表を参考にして工夫するとよいでしょう。理想的には，本文を読まなくても図表とそのタイトルを追っていくだけで，研究の概要が把握できるとよいと思います。

うそ論文の「結果と考察」を見てみましょう。

　　　まず，相互作用の回数，自分がついたうその回数，他者についてうそだ

と思った回数，について（いずれも 1 日あたりの平均）の結果を男女別に
示す（Table 1）。

と，まず表の提示をしておいてから，

　　　男性は 1 日平均 1.57 回，女性は 1 日平均 1.96 回うそをついていた。

と表中の結果を述べて，その結果について，

　　　これらの値は，先行研究（米国）の結果とほぼ同じである。

と先行研究との比較をしています。これは簡単な考察でしょう。次にふたた
び，

　　　一方，他者をうそだと思う瞬間は，男女とも，1 日に 0.36 回，つまり 3
　　　日に 1 回程度であり，うそをつくことと比較して生起頻度が低い。

と結果を述べ（うそをつくこととの比較は簡単な考察と言えるでしょう），
以上を受けて，

　　　このギャップが意味するところは，我々はうその多くを検知しないまま
　　　日常生活を送っているということであろう。

と「ギャップ」の意味について考察を加えています。次に，

　　　ところで，そもそも相互作用の回数が多ければ，それだけうそをつく機
　　　会も多くなることを考慮すると，単純に回数だけをみることには問題があ
　　　る。そこで，先行研究と同様，うその回数を相互作用の数で除した場合の
　　　平均値を算出した（Table 2）。
　　　男性は，相互作用 1 回に 0.37 回（＝相互作用 2.7 回に 1 回）のうそをつ

　　き，女性は，相互作用 1 回に 0.32 回（＝相互作用 3.13 回に 1 回）のうそ
　　をついていることになる。これについても米国の結果と類似している。一
　　方，他者をうそだと思う瞬間は，男性では相互作用 1 回に 0.09 回（＝相
　　互作用 11.11 回に 1 回），女性では相互作用 1 回に 0.05 回（＝相互作用 20
　　回に 1 回）という小さな値であった。ここにおいてもやはり，「うそをつ
　　くこと」と「うそだと思うこと」の間にギャップが認められる。我々は，
　　毎日の生活の中で，うそをつき，その一方でつかれたうその多くを見逃し
　　ながら，円滑なコミュニケーションを営んでいるのであろう。

とさらに詳細な分析を行い，考察を加えています。
　「結果と考察」の最後には「今後の課題」について述べます。人によって
は，「結果と考察」とは別に「今後の課題」や「全体的考察」や「結語」な
どとセクションを新たにした上で書く場合もあります。うそ論文では，下記
の部分がそれにあたります。

　　　　以上，RIR という日記法を用いることにより，貴重な知見を得ることが
　　　できた。本邦において RIR を用いた研究は，三宅（1997），牧野・田上
　　　（1998）等，わずかである。しかしながら，とくに日常性という点に着目
　　　する場合，本手法は，様々な心理学研究に有効であると思われる。

　この部分は，換言すれば「締めの言葉」と言えるでしょう。「問題と目的」
で「オープニングの言葉」を書き，最後に「締めの言葉」できっちり終える
という形です。先ほど「最初は大切」と書きましたが，対応して「最後も大
切」です。体操競技で，最後の着地がきれいだとポイントが高いことをイメ
ージしていただければよいと思います。うそ論文の「締めの言葉」は，「こ
の研究をもとに今後どうすべきか」という点については，ただ一点「この日
記法は今後も役立ちそう」という意味で，今後の方向性を匂わせてはいます
が，十分に書いていません。この点は，もう少していねいに書く必要がある
でしょう。「この研究ではこのような問題点があった，だから今後こういう

研究をすることが必要だ」ということをよく考えて記述する必要があります。そういった記述がありますと，それを読んだ人が，その研究の追試や，それを展開した研究をしてくれるかもしれません。

　結果の記述は定型的ですので，それほど難しいことではないでしょう。実際の論文を模範にして書いていけばよいと思います。一方で，「なぜこういう結果が得られたのか」について書くこと，つまり考察をすることは，結果の記述に比して困難です。書き手の創造性や勉強量が問われる部分ということになります。「おそらくこういうことではないか」と考察をする際，先行研究を引用しながら書きますと説得力が増すでしょう。一方で，関連する先行研究もなく，「筆一本」で論を展開する場合には，その考察の無理のなさについて，（自分で自分の考察をチェックするのは当然ですが）できれば他者にチェックしてもらうとよいと思います。この点に関連するのですが，海保（1999）は「ビッグな概念で何でも説明してしまう」ことの弊害について述べており，参考になるでしょう。一方で，そもそも心理学の対象である心自体が「ビッグな概念」とも言えますから，考察において思考の翼を広げることは差し支えないと思います（もちろん程度問題ではあります）。心という大きな問題との接点を薄くしてしまっては，筆に勢いがなくなり，論文に味がなくなってしまうでしょう。この点に関連して，コーエン（2008）は，かつては思想家たちが壮大な理論を発展させようとしたが，今日の心理学は細分化し，より答えが出しやすい問題について多数の研究を行い，大きな問題から退却してしまったように見える，と述べています。

　「結果と考察」について補足をしておきましょう。卒業論文を作成する過程でいろいろな質問を受けます。その中でよくあるのが「○○分析をしたいのですが，その方法が分からないので，やり方を教えてください（あるいは「（私に代わって）分析してください」というニュアンスがあることさえあります）」というものです。この質問には基本的な問題があります。それは，その分析がどのようなものであるか自分で調べもせず，人に分析を任せようとしているところです。分析は，基本的に著者自身が自分の手でやるべきも

のです。分析の過程でいろいろなことが分かったりすることもありますから，他人に分析をいわば丸投げするのは問題です。著者自身が分析の過程でデータと対話する営みは，大変に重要なものです。先のような質問をしてくる人には，どうやら「依拠している論文にその分析が用いられていたので，その追試をやっている自分も同じ分析をやらなくてはいけない」という「呪縛」があるようです（あるいは，指導教員にそうしなさいと言われた，と言ってくる人もいます）。自分で分からないことであれば，まずは調べる，調べても分からないことであれば，無理せずそうした分析はしない，というのがよいと思います。自分でやっていてよく分からないことは，相手に伝えるとき（つまり，論文を書くとき，あるいは卒論発表会に臨むとき），なおいっそうわけが分からなくなります。とりわけ卒業論文の場合，往々にして，単純にいったほうが吉と出ることが多いと思います。なお，うそ論文の統計的分析はかなり表層的であると言えます。分析は単純なほうがよいとはいえ，うその回数のみの分析ではなく，「うその種類別に分析する」といったより深い分析をすることが望ましいでしょう。そうすることで，考察に幅が出ます。

8.6　引用文献

　「引用文献」では，論文中で引用した文献を，著者名の名字（著者が「山田太郎」であれば「山田」の部分）のアルファベット順に並べます（あいうえお順ではありません）。うそ論文で，「DePaulo」が引用文献の一番上にあるのは，この他の著者名が M で始まっているからです（DePaulo 以外の他の著者名がすべて M で始まっているのは単なる偶然です）。なお，M で始まるものの中では，「牧野」が「Makino」，「三宅」が「Miyake」ですので，M の次の文字のアルファベットの順にします。つまり，英語の辞書の掲載順序ということです。

　学術雑誌に掲載された論文の引用は，

・学術雑誌（英文誌の場合）

DePaulo, B. M., Kashy, D. A., Kirkendol, S. E., Wyer, M. M., & Epstein, J. A.
|◀─────────────────── 著者名 ───────────────────▶|

（1996）. Lying in everyday life. *Journal of Personality and Social Psychology, 70,*
|発行年|◀─論文のタイトル─▶|◀─────────────── 雑誌名 ───────────────▶| 巻 |

979–995.
| ページ |

のようになっています。上に示した通り「DePaulo, B. M., Kashy, D. A.,
Kirkendol, S. E., Wyer, M. M., & Epstein, J. A.」が著者名，「1996」が発行年，
「Lying in everyday life」が論文タイトル，「*Journal of Personality and Social
Psychology*」が雑誌名（斜体で書くことが一般的です），「*70*」が巻数（斜体
で書くことが一般的です），「979–995」がページ数です。著者名，発行年，
論文タイトル，雑誌名，巻数，ページ数の順序で，もれなく書きます。日本
語の雑誌に掲載されているものも，これと同様です。念のため，例を挙げま
すと，

・学術雑誌（日本語の雑誌の場合）

村井 潤一郎（1999）. 恋愛関係において発言内容の好意性が欺瞞性の認知に
　　及ぼす影響　心理学研究, *70,* 421–426.

ということです。
　引用文献には，この他にもさまざまなものがあります。学会発表論文はど
うでしょう。学会発表論文とは，学会の年次大会における抄録集（学会大会
におけるさまざまな研究発表を一冊にまとめた冊子）に収録されている，短
い「論文」のことを言います。

・学会発表論文

三宅　邦建（1997）．社会的相互作用記録作成の試み──社会的相互作用，孤
　　独感，マキャベリズム──　日本社会心理学会第38回大会発表論文集，
　　124-125.

と書きます。書籍を一冊丸ごと引用する場合はどうでしょう。

・書籍を一冊引用する場合

村井　潤一郎（2005）．発言内容の欺瞞性認知を規定する諸要因　北大路書房

と書きます。書籍を一冊丸ごとではなく，その一部を引用する場合もありま
す。

・書籍の一部を引用する場合

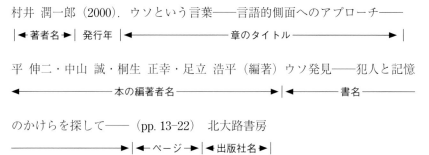

のようにします。その部分（このケースでは章ではなく節になります）を担
当した著者名「村井　潤一郎」をまず書き，発行年「(2000).」を書き，その
タイトル「ウソという言葉──言語的側面へのアプローチ──」を書いてか
ら，収録している書籍自体の編著者名「平　伸二・中山　誠・桐生　正幸・足
立　浩平」，書名「ウソ発見──犯人と記憶のかけらを探して──」，引用し
た部分のページ数「(pp. 13-22)」を書き，最後に出版社名「北大路書房」

を書きます。

　最後に，ある著者の論文を複数引用し，その同じ著者が，同じ年に複数論文を書いている場合は，

村井　潤一郎（1998a）．話し手と聞き手の関係が発言内容の欺瞞性の認知に
　　　及ぼす影響　計量国語学, *21*, 162–169.
村井　潤一郎（1998b）．情報操作理論に基づく発言内容の欺瞞性の分析　心
　　　理学研究, *69*, 401–407.

のように書きます。発行年のあとに，発行月順に「a」「b」と入れます。こうすれば，論文中で引用した 1998 年の論文がどちらを指しているかが分かります。

　以上いずれの場合も，読者が引用文献を読みたいと思ったとき，すぐに探し出せるよう，その文献について十分な情報を記載しておくことです。なお，引用文献の記載法については，日本心理学会発行の「執筆・投稿の手びき」に詳細に書かれています。これは，心理学の論文を書く際の基準となっていますので，ぜひ見てください。

8.7　総　　括

　以上，いろいろと述べてきましたが，論文執筆で何より重要なことは，「分かりやすく書く」ということです。長い文章を書く，自分にしか分からない略語を多用する，同じことなのにそのときの気分で違う言葉で言い換えたりする，……などは分かりにくさの原因になりますから，とくに注意してください。分かりやすくするために，「自分の研究について何も知らない人，そのテーマにあまり関心を持っていない人がこれを読んだら，理解してくれるだろうか，この説明で十分だろうか」ということを意識しながら執筆してほしいと思います。読み手の立場になりながら執筆することはとても重要だと思います。

　一方で，仮に分かりやすく書けたとしても，自分の言いたいことをきちん
と言えなかったとしたら，書き上げた論文についての納得感は低いことでし
ょう。しかし，自分が言いたいことをいかにきちんと文章として表現するの
か，というのは，誰にとっても困難な作業です。自分の頭の中にあることと，
文字として表れた論文とのずれについては，必ずあると言ってよいと思いま
す。これは，心理尺度の妥当性検証に似ている現象かもしれません（3章参
照）。頭の中にあることが構成概念に，論文として表に出たものが心理尺度
に対応するということです。

　書き手は，上記のずれをできるだけ小さくするように文章を練っていくの
です。しかしそうであっても，100%（つまりずれがゼロ）ということには
なかなかならないものです。たとえば，面接法（5章）を実施した研究で，
実際に面接をしたあの研究対象者を完全には描ききれない，などといったこ
とがあるでしょう。その理由としては，倫理的なものであったり，また論文
の紙幅の制限，書き手の執筆能力の限界であったりさまざまです。そして，
結局のところ，そもそも言語として表現することの限界，ということにもな
ってきます。

　心理学研究は，どのような場合でも，何らかの形で対象を「切る」ことに
なることが多いと思います。たとえば実験法（2章）であれば，特定の要因
を取り出して検討することで，他の無数の要因を切っています。他の研究法
であっても，必ずある場面，状況を取り上げるわけですが，その際，他の無
数の場面，状況を切っていることになります。どのような研究法をとったに
せよ，論文化の段階で何かを切ることになるでしょう。しかし，だからと言
って，「どうせ100%は無理なのだから書かないでよい」，と表現をあきらめ
てしまうことは問題です。書き手が最善を尽くした状態で論文として表出し，
そこで「描ききれない」という現実を前にしてこそ花開く側面があると思っ
ています。単独研究であっても共同研究であっても，研究は一人でするもの
ではなく，大きな視点から見れば，心理学に携わる人全員で遂行するものだ
と考えることもできるでしょう。すべての研究は何らかの形で「切る」もの

であっても，それら多くの断片を集積させれば「包む」側面も出てくるのだと思います。ローカルには切っていても，グローバルには包まれている，ということです。

　論文では，何かを説明します。「説明する」ということは，「切る」ということに通じますが，そうした行いは，書き手を近視眼的にさせ，どうしても全体が見えにくくなるということになってしまいます。となりますと，「説明」よりも，対象をひたすらに「描く」論文がもっと出てきてもよいでしょう。「説明」の一つの方法として，平均を算出して説明する，ということを例に考えてみます（なぜ平均を算出するのかと言えば，説明するためです）。たとえば縦断調査（3章参照）で，それぞれの時点ごとに平均を算出し，それら平均を線でつないで1本の曲線を描いたとしましょう。この曲線の提示によって，ある面では現象に対して説明が達成されていると思うのですが，果たしてこの曲線は，研究参加者を描いていることになるのでしょうか。曲線の源が平均ですから，そもそも平均に落とし込んでいる段階で，研究参加者の「顔」は薄らいでしまっていると言えるでしょう。遠藤（2010）は，「点をつなぐ」から「線を束ねる」へと，今後の研究の方向性について述べています。各研究参加者を描き，それらの描写を束ね，その束ねたものについてさらに描写して，と重層的に思考を進めていく必要があるのだと思います。説明のため，（よかれと思って）点にしたことで見えなくなっていることに自覚的になることは重要だと思います。本書で言えば，ある研究法を採用したことで見えなくなっている面はどこなのか，ということになります。実際の論文では，こうした点について論じるセクションは，一般には「考察」や「今後の課題」になります。

　最後は，雲をつかむような話になってしまいましたが，まずは個人個人でローカルに頑張っていきましょう，ということになります。ローカルに努力し，あとは，心理学の神に「丸投げ」というと大げさかもしれませんが。この点に関連する記述は「おわりに」にもありますので，ご参照いただければと思います。

参 考 図 書

松井 豊（2010）．改訂新版　心理学論文の書き方——卒業論文や修士論文を書く
　　ために——　河出書房新社
　卒業論文・修士論文を想定し，心理学論文の書き方について細かい点まで説明さ
れています。

白井 利明・高橋 一郎（2008）．よくわかる卒論の書き方　ミネルヴァ書房
　卒業論文執筆に関して，具体的，体系的な説明がされています。

杉本 敏夫（2005）．心理学のためのレポート・卒業論文の書き方　サイエンス社
　論文よりもレポートに重きを置きつつ，実例をもとに説明がなされています。

都筑 学（2006）．心理学論文の書き方——おいしい論文のレシピ——　有斐閣
　心理学論文の執筆について，分かりやすい説明がなされています。

山田 剛史・林 創（2011）．大学生のためのリサーチリテラシー入門——研究のた
　　めの8つの力——　ミネルヴァ書房
　卒業論文以前の基礎固めに関する本です。全編平易な説明がなされています。

キーワード

アブストラクト

おわりに

　心理学とは，どのような役割を持った学問なのでしょうか。「心の○○は△△ということである」といった心理学的知見を見聞きし，「なるほど，そうなんだ」と心を理解するための学問，というよりはむしろ，きっかけの学問だと思います。つまり，ある知見をもとに，各自でその先を考え始めることが重要であるということです。心理学研究で得られた知見をもとに納得し，それで終わってしまったら，心理学の意味は半減するのではないかと思います。問題はその先なのです。

　たとえば，自分自身に何か心の問題が起こったとしましょう。そのとき，ある心理学的知見を見聞きし，「なるほど，そういうことだったのか」と「理解」しそこで思考停止してしまうのはもったいないこと，と言いますか，その人自身において心の理解はほとんど進んでいないとすら言えるかもしれません。心理学は，納得するための学問というよりは，いったん納得はするが，さらにその先に思考を進め，場合によってはかえって混乱するための学問，という側面が強いように思います。

　上述の点，人によって意見は違うかもしれません。また，他の学問においても同様のことは言えるのかもしれませんが，とりわけ心理学に関しては，誤解されているように思います。大学の授業，書籍などで心理学にふれ，ある心理学的知見を見聞きし，なるほどと思って思考停止，そういうことが多々起きていると思うのです。それは，一種の「心理学公害」なのかもしれません。ある知見をもとに，「そうなんだ」と「分かる」ことはさして重要ではない，それは単なる最初の一歩であり，問題はその先なのです。先ほど

きっかけの学問，と言ったのはそういうことです。

　考え始めるにあたり，ぜひとも，その先に思考を進めるために価値のある知見を導出したいところです。考え始めの出発点が脆弱なものであれば，そこから始まる思考もまた頼りないものになってしまうことでしょう。問題のある手法で導出された知見をもとに考え始めることは好ましくありません。ここにおいて，心理学研究法の出番がきます。研究は多くの場合さまざまな制約条件のもとで行われますが，その条件のもとで知りたいことを最善な形で検討し，そうした研究プロセスであれこれ考え，得られた知見をもとにまた考え，その知見を見聞きした別の人がそれをもとに考え，といった大きな流れが続いていくのです。こうした「思考のバトン」が続いていく，バトンを持ったランナーは，その都度自分の心と参照させながら心について考えていく，筆者はそんなイメージを持っています。

　上述のように，研究には制約条件が多々あります。このように研究したいと思っていても，時間的制約，金銭的制約，倫理的制約，などがあるのです。1つの研究では，大きなテーマの，ほんの一握りの部分しか検討できませんから，他人の行った研究について「○○が検討されていないのは問題である」と，その研究の不備を指摘することは実のところそれほど難しいことではありません。一方で，研究遂行前に，研究法に関する理解を深めておくことで，研究上の致命的な欠陥を回避することもある程度可能ですから，そのために研究法の本は役に立つことと思います。しかし，そうであっても，研究には欠陥，限界が必ずあります。もちろん，隙のない研究というのは存在しますが，研究には必ず限界点，問題点があるものです。ですが，まさにそれゆえに，後に研究が続いていくのです。

　研究を遂行するのは大変なことです。どんな研究にも，その人の思い入れがありますから，読み手，聞き手の側では，その研究への温かい目，厳しい目，両方を同時に持つことが重要なのだと思います。ただ褒めるだけでもいけませんし，ただ難癖をつけるだけでもいけません。両方の目を同時に持つことが研究への尊重であり，そうした目を持つ人が増えることが，心理学界

全体の底上げにつながるのだと思います。

　難癖，と言いますと，自分の得意とする研究法以外の研究法を用いた研究に，過度に否定的な人もいます。ですが，それぞれの研究法には長所，短所が必ずあり，心の同じ側面を対象にしていたとしても，違う方法で心を炙り出しているのです。それぞれが真摯に研究を進めている限り，どれが良い悪いということではないと思います。本書を通読していただければ，心理学研究法の多彩さの一端を知ることになると思いますが，本書で言及した以外にも研究法は存在します。それぞれの人が，自分が良いと信じる研究法をもとに研究を進めていけばよいのだと思います。

　本書は，多くの方々の影響のもと完成しました。筆者個人で言えば，心理学の研究，教育に携わる上で，強い影響を受けた方々が思い浮かびます。思い浮かぶ，というより，その方々の心理学が，私の心理学と分かちがたく結びついている，そんな感覚があります。本書は，そうした方々の影が見え隠れするものだと思います。もちろん，「彼ら」の考え，思想がそのまま反映されているというわけではなく，筆者の考えとの「融合」ですので，必ずしも明示的に「彼ら」が存在するというわけではありません。とは言え，確実に影響を受けています。心理学研究法には，もとより完全なオリジナリティというものは存在しないのです。研究法は，多くの先達の思考の積み上げですが，研究法の問題点もそこに織り込まれています。これはすなわち心理学自体の問題点とも言えます。ですので，心理学研究法の書は，他の心理学書よりも，より色濃く心理学らしさを体現するものなのかもしれません。

　心理学研究法は多岐に渡ります。私にはとても書くことのできない章を書いていただいた4名の先生方には，執筆についてご快諾いただき，加えて草稿に対しての私の細かいコメントにも対応していただき，感謝しております。ライブラリ監修者の安藤清志先生，市川伸一先生には，本書の編著者として私に白羽の矢を立てていただき，厚く御礼申し上げます。サイエンス社の清水匡太さんには，本当にいろいろとお世話になりました。本書の刊行に至るまで，多くの配慮を，そして多くの作業をしていただきました。

　心理学はどこに行くのでしょうか。神のみぞ知る，であることは間違いないのですが，神が知っているから心理学者が何もしないのでは，心理学の神は消え失せてしまうでしょう。心理学に携わる人たちの日々の真摯な振る舞いを通してこそ，心理学の神が生き生きと立ち上がるのだと思います。

　最後になりましたが，読者の皆さまの「心理学」が豊かなものになりますことを祈念しています。

　2012 年 3 月

　　　　　　　　　　　　　　　　　　　　　　村井　潤一郎

引 用 文 献

1章

神谷 俊次（2003）．不随意記憶の機能に関する考察──想起状況の分析を通じて── 心理学研究, *74*, 444-451.

Kreft, I., & de Leeuw, J.（1998）．*Introducing multilevel modeling.* London：SAGE.
　　（クレフト, I.・デ・リウー, J. 小野寺 孝義（編訳）岩田 昇・菱村 豊・長谷川 孝治・村山 航（訳）（2006）．基礎から学ぶマルチレベルモデル──入り組んだ文脈から新たな理論を創出するための統計手法── ナカニシヤ出版）

村井 潤一郎（2003）．研究法 西野 泰広（編著）こころの科学（pp. 20-29） 東洋経済新報社

成定 薫（2010）．科学とは何か──「二つの文化」論から「知のモード」論へ──
　　〈http://home.hiroshima-u.ac.jp/nkaoru/Fukuyamalecture.html〉

杉澤 武俊（1999）．教育心理学研究における統計的検定の検定力 教育心理学研究, *47*, 150-159.

2章

Cook, T. D., & Campbell, D. T.（1979）．*Quasi-Experimentation：Design and analysis for field settings.* Chicago：Rand McNally College Publishing.

村井 潤一郎（2008）．実験型研究の実際 下山 晴彦・能智 正博（編）臨床心理学研究法 第1巻 心理学の実践的研究法を学ぶ（pp. 303-315） 新曜社

Searle, A.（1999）．*Introducing research and data in psychology：A guide to methods and analysis.* Routledge.
　　（サール, A. 宮本 聡介・渡辺 真由美（訳）（2005）．心理学研究法入門 新曜社）

高野 陽太郎（2000）．因果関係を推定する──無作為配分と統計的検定── 佐伯 胖・松

原 望（編）実践としての統計学（pp. 109-146）　東京大学出版会

Wilkinson, L., & Task Force on Statistical Inference.(1999)．Statistical methods in psychology journals：Guidelines and explanations. *American Psychologist, 54*, 594-604.

山田 剛史・村井 潤一郎（2004）．よくわかる心理統計　ミネルヴァ書房

吉田 寿夫（2002）．研究法に関する基本姿勢を問う――本来の姿ないし基本に戻ろう―― 下山 晴彦・子安 増生（編著）心理学の新しいかたち――方法への意識――（pp. 73-131）　誠信書房

3章

天貝 由美子（2001）．信頼感の発達心理学――思春期から老年期に至るまで――　新曜社

安藤 寿康・安藤 典明（編）日本パーソナリティ心理学会（企画）（2011）．事例に学ぶ心理学者のための研究倫理［第2版］　ナカニシヤ出版

DePaulo, B. M., Kashy, D. A., Kirkendol, S. E., Wyer, M. M., & Epstein, J. A.(1996)．Lying in everyday life. *Journal of Personality and Social Psychology, 70*, 979-995.

江利川 滋・山田 一成・川端 美樹・沼崎 誠（2007）．テレビ親近感とテレビ視聴行動の関連性について　社会心理学研究, *22*, 267-273.

江利川 滋・山田 一成（2012）．改訂版テレビ親近感の信頼性と妥当性　心理学研究, *82*, 547-553.

南風原 朝和（2003）．量的調査による仮説検証　南風原 朝和・市川 伸一・下山 晴彦　心理学研究法（pp. 69-80）　放送大学教育振興会

南風原 朝和（2005）．統計学と心理学――個を重視する統計学の観点から――　下山晴彦（編著）心理学論の新しいかたち（pp. 139-160）　誠信書房

林 英夫（1975）．質問紙の作成　続 有恒・村上 英治（編）心理学研究法9　質問紙調査（pp. 107-145）　東京大学出版会

平井 洋子（2003）．質問紙による研究　南風原 朝和・市川 伸一・下山 晴彦（編著）心理学研究法（pp. 81-92）　放送大学教育振興会

廣瀬 毅士（2010）．社会調査とデータ分析　廣瀬 毅士・寺島 拓幸　社会調査のための統計データ分析（pp. 1-16）　オーム社

石井 秀宗（2005）．統計分析のここが知りたい――保健・看護・心理・教育系研究のまとめ方――　文光堂

岩永 雅也（2001）．社会を調査する　岩永 雅也・大塚 雄作・高橋 一男（編著）改訂版

　　社会調査の基礎（pp. 10-23）　放送大学教育振興会

Jensen, L. A., Arnett, J. J., Feldman, S. S., & Cauffman, E.(2004).　The right to do wrong：
　　Lying to parents among adolescents and emerging adults. *Journal of Youth and*
　　Adolescence, 33, 101-112.

Lilienfeld, S. O., Lynn, S. J., & Lohr, J. M.(Eds.)(2003).　*Science and pseudoscience in clinical*
　　psychology. New York：The Guilford Press.
　　（リリエンフェルド, S. O.・リン, S. J.・ロー, J. M.　厳島 行雄・横田 正夫・齋藤 雅英
　　（訳）(2007).　臨床心理学における科学と疑似科学　北大路書房）

三宅 和夫・高橋 惠子（2009）.　縦断研究の挑戦――発達を理解するために――　金子書房

村井 潤一郎（2000）.　青年の日常生活における欺瞞　性格心理学研究, *9*, 56-57.

村井 潤一郎（2009）.　尺度構成と相関　安藤 清志・村田 光二・沼崎 誠（編）新版　社会
　　心理学研究入門　東京大学出版会

村上 隆（2003）.　測定の妥当性　日本教育心理学会（編）教育心理学ハンドブック（pp.
　　159-169）　有斐閣

村上 宣寛（2006）.　心理尺度のつくり方　北大路書房

村山 航（2012）.　妥当性――概念の歴史的変遷と心理測定学的観点からの考察――　教育心
　　理学年報, *51*, 118-130.

日本テスト学会（編）(2007).　テストスタンダード――日本のテストの将来に向けて――
　　金子書房

盛山 和夫（2004）.　社会調査法入門　有斐閣ブックス

鈴木 淳子（2011）.　質問紙デザインの技法　ナカニシヤ出版

高辻 千恵（2002）.　幼児の園生活におけるレジリエンス――尺度の作成と対人葛藤場面への
　　反応による妥当性の検討――　教育心理学研究, *50*, 427-435.

利島 保・生和 秀敏（1993）.　心理学のための実験マニュアル――入門から基礎・発展へ
　　――　北大路書房

Vandenbos, G. R.(2006).　*APA dictionary of psychology.* American Psychological Association.

山形 伸二・高橋 雄介・繁桝 算男・大野 裕・木島 伸彦（2005）.　成人用エフォートフル・
　　コントロール尺度日本語版の作成とその信頼性・妥当性の検討　パーソナリティ研究,
　　14, 30-41.

吉田 寿夫（1995）.　学校教育に関する社会心理学的研究の動向――研究法についての提言を
　　中心にして――　教育心理学年報, *34*, 74-84.

吉田 寿夫（2002）．研究法に関する基本姿勢を問う――本来の姿ないし基本に戻ろう――
　　下山 晴彦・子安 増生（編著）心理学の新しいかたち――方法への意識――（pp. 73-
　　131）　誠信書房

4 章

麻生 武（1990）．身ぶりからことばへ――赤ちゃんにみる私たちの起源――　新曜社

Clark, R., Musick, J., Scott, F., & Klehr, K. (1980). *The Mother's Project rating scales of mother-*
　　child interaction. Unpublished manuscript, University of Wisconsin Medical School,
　　Department of Psychiatry.

遠藤 利彦（2000）．観察によるアプローチ　大村彰道（編著）教育心理学研究の技法（pp.
　　19-57）　東京大学出版会

Flick, U. (1995). *Qualitative Forschung*. Rowohlt Taschenbuch Verlag GmbH.
　　（フリック, U. 小田 博志・山本 則子・春日 常・宮地 尚子（訳）（2002）．質的研究入
　　門――〈人間の科学〉のための方法論――　春秋社）

濱田 嘉昭（2011）．科学的探究の方法　放送大学教育振興会

広瀬 美和（2006）．子どもの調整・仲直り行動の構造――保育園でのいざこざ場面の自然観
　　察的検討――　日本乳幼児教育学研究, *15*, 13-23.

石井 秀宗（2014）．人間科学のための統計分析――こころに関心があるすべての人のために
　　――　医歯薬出版

苅田 知則（2004）．なぜ子どもは「隠れる」のか？――幼稚園における自由遊びの参加観察
　　――　発達心理学研究, *15*, 140-149.

Kopp, C. B. (1989). Regulation of distress and negative emotions : A developmental view.
　　Developmental Psychology, *25*, 343-354.

Matsumoto, D. (2000). *Culture and psychology : People around the world* (2nd ed.). Wadsworth.
　　（マツモト, D. 南 雅彦・佐藤 公代（監訳）（2001）．文化と心理学――比較文化心理学
　　入門――　北大路書房）

三隅 二不二・阿部 年晴（1974）．参加観察法　続 有恒・苧阪 良二（編）心理学研究法
　　第10巻　観察（pp. 139-181）　東京大学出版会

箕浦 康子（1999）．フィールドワークの技法と実際――マイクロエスノグラフィー入門――
　　ミネルヴァ書房

中澤 潤（1997）．人間行動の理解と観察法　中澤 潤・大野木 裕明・南 博文（編著）心理

学マニュアル　観察法（pp. 1-12）　北大路書房

能智 正博（2011）．質的研究法　東京大学出版会

大谷 尚（2019）．質的研究の考え方——研究方法論から SCAT による分析まで——　名古屋大学出版会

Pellegrini, A. D.（1996）．*Observing children in their natural worlds : A methodological primer.* LEA.

（ペレグリーニ, A. D.　大藪 泰・越川 房子（訳）（2000）．子どもの行動観察法——日常生活場面での実践——　川島書店）

坂上 裕子（1999）．歩行開始期における情動制御——問題解決場面における対処行動の発達——　発達心理学研究, *10*, 99-109.

坂上 裕子（2002）．歩行開始期における母子の葛藤的やりとりの発達的変化——一母子における共変化過程の検討——　発達心理学研究, *13*, 261-273.

坂上 裕子（2014）．解決困難場面における母子の共変化過程——1母子の1歳3ヵ月〜2歳1ヵ月までの縦断的自然観察から——　青山学院大学教育人間科学部紀要, *5*, 123-136.

佐藤 郁哉（1992）．フィールドワーク——書を持って街に出よう——　新曜社

澤田 英三・南 博文（2001）．質的調査——観察・面接・フィールドワーク——　南風原 朝和・市川 伸一・下山 晴彦（編）心理学研究法入門——調査・実験から実践まで——（pp. 19-62）　東京大学出版会

柴山 真琴（2006）．子どもエスノグラフィー入門——技法の基礎から活用まで——　新曜社

菅井 洋子・秋田 喜代美・横山 真貴子・野澤 祥子（2010）．乳児期の絵本場面における母子の共同注意の指さしをめぐる発達的変化——積木場面との比較による縦断研究——　発達心理学研究, *21*, 46-57.

渡邊 芳之（2004）．質的研究における信頼性・妥当性のあり方——リアリティに至る過程——　無藤 隆・やまだ ようこ・南 博文・麻生 武・サトウ タツヤ（編）質的心理学——創造的に活用するコツ——（pp. 59-64）　新曜社

Willig, C.（2001）．*Introducing qualitative research in psychology : Adventures in theory and method.* Open University Press.

（ウィリッグ, C.　上淵 寿・大家 まゆみ・小松 孝至（訳）（2003）．心理学のための質的研究法入門——創造的な探求に向けて——　培風館）

山田 慶児（1999）．西洋近代科学と東洋の方法　れんが書房新社

やまだ ようこ（1987）．ことばの前のことば——ことばが生まれるすじみち1——　新曜社

山口 勧（1999）．日常語「甘え」の基本問題——日常語としての「甘え」から考える——
　　北山 修（編）「甘え」について考える（pp. 31-46）　星和書店

横山 真貴子（2003）．保育における集団に対するシリーズ絵本の読み聞かせ——5歳児クラ
　　スでの『ねずみくんの絵本』の読み聞かせの事例からの分析——　教育実践総合センタ
　　ー研究紀要, *12*, 21-30.

5章

Adams, T. E., Jones, S. H., & Ellis, C.（2015）．*Autoethnography : Understanding qualitative
　　research*. Oxford University Press.

アメリカ心理学会（1996）．サイコロジストのための倫理綱領および行動規範　日本心理学
　　会

安藤 寿康・安藤 典明（編）（2005）．事例に学ぶ心理学者のための研究倫理　ナカニシヤ出
　　版

安梅 勅江（2001）．ヒューマン・サービスにおけるグループインタビュー法——科学的根拠
　　に基づく質的研究法の展開——　医歯薬出版

Flick, U.（1995）．*Qualitative Forschung*. Rowohlt Taschenbuch Verlag GmbH.
　　（フリック, U.　小田 博志・山本 則子・春日 常・宮地 尚子（訳）（2002）．質的研究入
　　門——〈人間の科学〉のための方法論——　春秋社）

Glaser, B. G., & Strauss, A. L.（1967）．*The discovery of grounded theory : Strategies for
　　qualitative research*. Aldine.
　　（グレイザー, B. G.・ストラウス, A. L.　後藤 隆・大田 春江・水野 節夫（訳）（1996）．
　　データ対話型理論の発見——調査からいかに理論をうみだすか——　新曜社）

保坂 亨・中澤 潤・大野木 裕明（編著）（2000）．心理学マニュアル　面接法　北大路書房

五十嵐 哲也・萩原 久子（2004）．中学生の不登校傾向と幼少期の父親および母親への愛着
　　との関連　教育心理学研究, *52*（3）, 264-276.

井村 恒郎・木戸 幸聖（1965）．面接　秋元 波留夫他（編）日本精神医学全書　第2巻　診
　　断　金原出版

貴戸 理恵（2004）．不登校は終わらない　新曜社

King, N., & Horrocks, C.（2010）．*Interviews in qualitative research*. SAGE.

木下 康仁（1999）．グラウンデッド・セオリー・アプローチ——質的実証研究の再生——
　　弘文堂

Merriam, S. B.(1998).　*Qualitative research and case study applications in education*. Wiley & Sons.

（メリアム, S. B.　堀 薫夫・久保 真人・成島 美弥（訳）（2004）.　質的調査法入門——教育における調査法とケース・スタディ——　ミネルヴァ書房）

水野 将樹（2004）.　青年は信頼できる友人との関係をどのように捉えているのか——グラウンデッド・セオリー・アプローチによる仮説モデルの生成——　教育心理学研究, *52* (2), 170–185.

日本発達心理学会（監修）古澤 頼雄・斉藤 こずゑ・都筑 学（編著）（2000）.　心理学・倫理ガイドブック——リサーチと臨床——　有斐閣

能智 正博（2003）.　「適応的」とされる失語症者の構築する失語の意味　質的心理学研究, *2*, 89–107.

能智 正博（2011）.　質的研究法　東京大学出版会

呉 宣児・南 博文（2000）.　語りから見る原風景（2）——韓国済州島の空間的特性を中心に——　九州大学心理学研究, *1*, 123–137.

小倉 啓子（2005）.　特別養護老人ホーム入居者のホーム生活に対する不安・不満の拡大プロセス——'個人生活ルーチン'の混乱——　質的心理学研究, *4*, 75–92.

岡本 依子（2009）.　開かれた対話としてのインタビュー　質的心理学フォーラム, *1*, 49–57.

沖潮（原田）満里子（2013）.　対話的な自己エスノグラフィー——語り合いを通した新たな質的研究の試み——　質的心理学研究, *12*, 157–175.

沖潮（原田）満里子（2019）.　自己エスノグラフィー　サトウ タツヤ・春日 秀朗・神崎 真実（編）質的研究法マッピング——特徴をつかみ, 活用するために——　新曜社

大倉 得史（2002）.　ある対象的な2人の青年の独特なありようについて　質的心理学研究, *1*, 88–106.

大倉 得史（2008）.　語り合う質的心理学——体験に寄り添う知を求めて——　ナカニシヤ出版

Patton, M. Q.(2002).　*Qualitative research and evaluation methods*. 3rd ed. SAGE.

坂上 裕子（2003）.　断乳をめぐる母親の内的経験　質的心理学研究, *2*, 124–138.

Strauss, A. L., & Corbin, J.(1990).　*Basics of qualitative research : Grounded theory procedures and techniques*. SAGE.

（ストラウス, A. L.・コービン, J.　南 裕子（監訳）（1999）.　質的研究の基礎——グラウンデッド・セオリーの技法と手順——　医学書院）

田垣 正晋（2004）．中途重度障害者は障害をどのように意味づけるか——脊髄損傷者のライフストーリーより—— 社会心理学研究, *19*（3）, 159-174.

田垣 正晋（2007）．グループインタビュー　やまだ ようこ（編）質的心理学の方法——語りをきく—— 新曜社

徳田 治子（2004）．ナラティヴから捉える子育て期女性の意味づけ——生涯発達の視点から—— 発達心理学研究, *15*（1）, 13-26.

Vaughn, S. R., Schumm, J. S., & Sinagub, J. M.（1996）. *Focus group interviews in education and psychology*. SAGE.
（ヴォーン, S. R.・シューム, J. S.・シナグブ, J.　田部井 潤・柴原 宜幸（訳）（1999）．グループ・インタビューの技法　慶應義塾大学出版会）

やまだ ようこ（2007）．質的心理学の方法——語りをきく—— 新曜社

安田 裕子（2019）．TEA——複線径路等至性アプローチ—— サトウ タツヤ・春日 秀朗・神崎 真実（編）質的研究法マッピング——特徴をつかみ, 活用するために—— 新曜社

安田 裕子・滑田 明暢・福田 茉莉・サトウ タツヤ（編）（2015a）．TEA 理論編——複線径路等至性アプローチの基礎を学ぶ—— 新曜社

安田 裕子・滑田 明暢・福田 茉莉・サトウ タツヤ（編）（2015b）．TEA 実践編——複線径路等至性アプローチを活用する—— 新曜社

6章

遠藤 利彦（2009）．発達心理学における実践研究の立ち位置　特集：心理学の実践研究入門　臨床心理学, *9*, 44-49.

藤川 麗（2007）．臨床心理のコラボレーション——統合的サービス構成の方法—— 東京大学出版会

藤川 麗（2008）．実践を通しての研究——実践型研究—— 下山 晴彦・能智 正博（編）臨床心理学研究法 1　心理学の実践的研究法を学ぶ（pp. 79-90）　新曜社

藤川 麗（2018）．実践的研究法　村井 潤一郎・藤川 麗（編）心理学研究法（pp. 136-155）　遠見書房

石原 孝二（編）（2013）．当事者研究の研究　医学書院

印東 太郎（1973）．心理学におけるモデル構成——意義・展望・概説—— 印東 太郎（編）心理学研究法 17　モデル構成（pp. 1-28）　東京大学出版会

岩壁　茂（2005）．事例のメタ分析　家族心理学年報, *23*, 154-169.

金沢　吉展（2008）．どのように研究すべきか——研究の倫理——　下山　晴彦・能智　正博（編）臨床心理学研究法 1　心理学の実践的研究法を学ぶ（pp. 31-45）　新曜社

熊谷　晋一郎（編）（2017）．みんなの当事者研究　臨床心理学増刊第 9 号　金剛出版

熊谷　晋一郎（2018a）．知の共同創造のための方法論　熊谷　晋一郎（編）当事者研究と専門知——生き延びるための知の再配置——　臨床心理学増刊第 10 号（pp. 154-164）　金剛出版

熊谷　晋一郎（2018b）．「知の共同創造と再配置」のための編集後記——「当事者共同研究」への応答——　熊谷　晋一郎（編）当事者研究と専門知——生き延びるための知の再配置——　臨床心理学増刊第 10 号（pp. 154-164）　金剛出版

草郷　孝好（2007）．アクションリサーチ　小泉　潤二・志水　宏吉（編）実践的研究のすすめ——人間科学のリアリティ——（pp. 251-266）　有斐閣

Lewin, K.（1946）. Action research and minority problems. *Journal of Social Issues*, *2*, 34-46.

箕口　雅博（2000）．実践的フィールドワーク　下山晴彦（編著）臨床心理学研究の技法（pp. 93-102）　福村出版

箕浦　康子（1999）．フィールドワークの技法と実際——マイクロ・エスノグラフィー入門——　ミネルヴァ書房

三隅　二不二（1975）．アクションリサーチ　続　有恒・高瀬　常男（編）心理学研究法 13　実践研究（pp. 37-70）　東京大学出版会

尾見　康博（2008）．フィールドワーク　下山　晴彦・能智　正博（編）臨床心理学研究法 1　心理学の実践的研究法を学ぶ（pp. 149-163）　新曜社

Parker, I.（2004）. *Qualitative psychology*. Open University Press.
（パーカー, I. 八ッ塚　一郎（訳）（2008）．ラディカル質的心理学——アクションリサーチ入門——　ナカニシヤ出版）

佐藤　郁哉（1992）．フィールドワーク——書を持って街へ出よう——　新曜社

下山　晴彦（1997）．臨床心理学研究の理論と実際　東京大学出版会

下山　晴彦（2000a）．臨床心理学研究法の多様性と本書の構成　下山　晴彦（編著）臨床心理学研究の技法（pp. 19-26）　福村出版

下山　晴彦（2000b）．事例研究　下山　晴彦（編著）臨床心理学研究の技法（pp. 86-92）　福村出版

田原　直美・三沢　良・山口　裕幸（2008）．安全で円滑な看護業務遂行のためのアクションリ

サーチ——病棟クラーク導入が看護師の行動的・心理的側面へ及ぼす影響の検討——　実験社会心理学研究, *48*, 74-86.

高瀬 常男（1975）．実践研究の意義　続 有恒・高瀬 常男（編）心理学研究法 13　実践研究（pp. 1-19）東京大学出版会

浦河べてるの家（2005）．べてるの家の「当事者研究」　医学書院

渡辺 かよ子（2018）．メンタリング・プログラムとプログラム評価——広島市青少年支援メンター制度の成果を中心に——　コミュニティ心理学研究, *21*, 128-135.

渡辺 直登（2000）．アクションリサーチ　下山 晴彦（編著）臨床心理学研究の技法（pp. 111-118）　福村出版

山本 力（2001）．研究法としての事例研究　山本 力・鶴田 和美（編著）心理臨床家のための「事例研究」の進め方（pp. 14-29）　北大路書房

矢守 克也（2010）．アクションリサーチ——実践する人間科学——　新曜社

安田 節之（2011）．ワードマップ　プログラム評価——対人・コミュニティ援助の質を高めるために——　新曜社

安田 節之・渡辺 直登（2008）．プログラム評価研究の方法　新曜社

7章

Andreassi, J. L.（2000）．*Psychophysiology : Human behavior and physiological response*（4th ed.）. Mahwah, N. J. : Lawrence Erlbaum Associates.

Barrett, K. E., Barman, S. M., Boitano, S., & Brooks, H. L.（2009）．*Ganong's review of medical physiology*（23rd ed.）. McGraw-Hill Medical.
（バレット, K. E.・バーマン, S. M.・ボイタノ, S.・ブルックス, H. L.　岡田 泰伸（監訳）（2011）．ギャノング生理学［原書 23 版］　丸善）

Carlson, N. R.（2009）．*Physiology of behavior*（10th ed.）. Boston : Allyn Baxon.
（カールソン, N. R.　泰羅 雅登・中村 克樹（監訳）（2010）．第 3 版　カールソン神経科学テキスト——脳と行動——　丸善）

本郷 利憲・廣重 力（監修）（2000）．標準生理学　第 5 版　医学書院

Huettel, S. A., Song, W. A., & McCarthy, G.（2004）．*Functional magnetic resonance imaging*. Sunderland, M. A. : Sinauer.

新美 良純・鈴木 二郎（1986）．皮膚電気活動　星和書店

Nose, I., Murai, J., & Taira, M.（2009）．Disclosing concealed information on the basis of cortical activations. *NeuroImage, 44*, 1380–1386.

澤田 幸展（1998）．血行力学的反応　宮田 洋（監修）（1998）．新生理心理学〈1巻〉　生理心理学の基礎（pp. 172–195）　北大路書房

8章

Cohen, D.（2004）．*Psychologists on psychology*. London：Hodder Education.

　　（コーエン, D.　子安 増生（監訳）三宅 真季子（訳）（2008）．心理学者，心理学を語る──時代を築いた13人の偉才との対話──　新曜社）

遠藤 利彦（2010）．縦断研究はどこに向かうべきか──「点をつなぐ」から「線を束ねる」へ──　日本発達心理学会ニューズレター, *60*, 1–3.

海保 博之・加藤 隆（編著）（1999）．認知研究の技法　福村出版

村井 潤一郎（2000）．青年の日常生活における欺瞞　性格心理学研究, *9*, 56–57.

人 名 索 引

事 項 索 引

執筆者紹介

村井　潤一郎（むらい　じゅんいちろう）（編著者）
（1，2，3，8章，はじめに，おわりに）

1994 年　東京大学教育学部卒業
2001 年　東京大学大学院教育学研究科博士後期課程単位取得退学
2004 年　東京大学大学院教育学研究科博士後期課程修了
現　在　文京学院大学人間学部教授　博士（教育学）

主要編著書

『発言内容の欺瞞性認知を規定する諸要因』（単著）（北大路書房，2005）
『はじめての R——ごく初歩の操作から統計解析の導入まで』（単著）
（北大路書房，2013）
『ウォームアップ心理統計』（共著）（東京大学出版会，2008）
『嘘の心理学』（編著）（ナカニシヤ出版，2013）
『心理学の視点——躍動する心の学問』（編著）（サイエンス社，2015）
『心理学のためのサンプルサイズ設計入門』（共編著）（講談社，2017）
『心理学研究法』（共編）（遠見書房，2018）
『絶対役立つ社会心理学——日常の中の「あるある」と「なるほど」を探す』（編著）（ミネルヴァ書房，2018）

坂上　裕子（さかがみ　ひろこ）（4章）

1993 年　京都大学教育学部卒業
2000 年　東京大学大学院教育学研究科博士後期課程単位取得退学
2003 年　東京大学大学院教育学研究科博士後期課程修了
現　在　青山学院大学教育人間科学部教授　博士（教育学）

主要編著書

『子どもの反抗期における母親の発達——歩行開始期の母子の共変化過程』（単著）
（風間書房，2005）
『大学 1・2 年生のためのすぐわかる心理学』（共著）（東京図書，2012）
『事例から学ぶはじめての質的研究法——生涯発達編』（共編）（東京図書，2007）

谷口　明子（たにぐち　あきこ）(5章)

1985年　東京大学文学部卒業

2005年　東京大学大学院教育学研究科博士後期課程単位取得退学

2005年　東京大学大学院教育学研究科博士後期課程修了

現　在　東洋大学文学部教育学科教授　博士（教育学）

主要編著書

『長期入院児の心理と教育的援助──院内学級のフィールドワーク』（単著）
（東京大学出版会，2009）

『育ちを支える教育心理学』（編著）（学文社，2017）

『教育・学校心理学』（共著）（放送大学教育振興会，2020）

藤川　麗（ふじかわ　うらら）(6章)

1995年　東京大学教養学部卒業

2002年　東京大学大学院教育学研究科博士後期課程単位取得退学

2005年　東京大学大学院教育学研究科博士後期課程修了

現　在　駒沢女子大学人間総合学群心理学類教授　博士（教育学）

主要著書

『臨床心理のコラボレーション──統合的サービス構成の方法』（単著）
（東京大学出版会，2007）

『心理学研究法』（共編）（遠見書房，2018）

野瀬　出（のせ　いずる）(7章)

1995年　日本大学文理学部心理学科卒業

2001年　日本大学大学院文学研究科心理学専攻博士後期課程単位取得退学

現　在　日本獣医生命科学大学比較発達心理学教室講師　博士（医学）

主要著書・訳書

『こころの科学』（分担執筆）（東洋経済新報社，2003）

『第3版カールソン神経科学テキスト──脳と行動』（分担訳）（丸善，2010）

Progress & Application = 2

Progress & Application
心理学研究法　第2版

2012 年 8 月 10 日 ⓒ	初　版　発　行
2021 年 3 月 10 日	初版第 9 刷発行
2021 年 9 月 10 日 ⓒ	第 2 版第 1 刷発行
2022 年 3 月 10 日	第 2 版第 2 刷発行

編著者　村井潤一郎　　　発行者　森平敏孝
　　　　　　　　　　　　印刷者　中澤　眞
　　　　　　　　　　　　製本者　小西惠介

発行所　　**株式会社　サイエンス社**
〒151-0051　東京都渋谷区千駄ヶ谷 1 丁目 3 番 25 号
営業 TEL （03）5474-8500（代）　振替 00170-7-2387
編集 TEL （03）5474-8700（代）
FAX　　　（03）5474-8900

印刷　㈱シナノ　　製本　ブックアート
《検印省略》

ISBN978-4-7819-1509-8

PRINTED IN JAPAN

サイエンス社のホームページのご案内
https://www.saiensu.co.jp
ご意見・ご要望は
jinbun@saiensu.co.jp　まで.